Ras-le-bol des écolos

Du même auteur

Ma boîte à piles écocitoyenne, Chêne, 2010.
Mes vacances écolo, Chêne 2010.
Ma cuisine écolo, Chêne, 2010.
Le sel de la vie : document, J'ai lu, 2010.
Mon océan écolo, Chêne, 2009.
Mon école écolo, Chêne, 2009.
Mon bébé écolo, Chêne, 2009.
Ma maison écolo, Chêne, 2009.
Les contes de la mer, Chêne jeunesse, 2008.
Le sel de la vie, Arthaud, 2007.
Maud Fontenoy, mon carnet de bord : le tour du monde à contre-courant, Chêne, 2007.
Le Pacifique à mains nues : 7000 kilomètres et 73 jours d'aventure à la rame, Robert Laffont, 2005.
Atlantique face nord : première féminine à la rame, Robert Laffont, 2004.
Hommes et femmes de la mer (préface), avec Huw Lewis Jones, Arthaud, 2010.

Maud Fontenoy

Ras-le-bol des écolos

Pour qu'écologie rime avec économie

PLON
www.plon.fr

12, avenue d'Italie
75013 Paris
Tél. : 01 44 16 09 00
Fax : 01 44 16 09 01
www.plon.fr

ISBN : 978-2-259-22156-6

A Hina et Mahé

A tous ceux qui, assis sur une plage, un rocher ou à la proue d'un navire, rêvent de réaliser l'impossible.

Remerciements

A notre regretté Emmanuel Lopez, tu nous manques

Bravo à tous les chercheurs, scientifiques, professeurs, chefs d'entreprise passionnés qui se consacrent à ce sujet essentiel.

Un grand merci à tous ceux qui m'ont inspirée, chacun dans leur domaine, pour l'écriture de cet ouvrage :

Marc et Chantal Fontenoy
Alban Michon
Yvon le Maho
Gilles Bœuf
Francis Vallat
Jean Jouzel
Pierre Georges Dachicourt
Tristan Lecoq
Jean-Michel Cousteau
Vincent Bolloré
Nicolas Vanier

Jacques Brégeon
Laurent Petrynka
Philippe Vallette
Françoise Gaill
Eric Scotto
Françoise Nominé
Julien Lauprêtre
Serge Orru
Erik Orsenna
Roland Gérard
Jocelyne Busson
Olivier Lajous
Claudie Haigneré
Guy Laliberté
Luc Besson
Stéphane Fouks
Marion Cotillard
Christian Buchet
Allain Bougrain-Dubourg
Bertrand Piccard
Christophe Lefebvre
Gérard Feldzer
Jean-François Clervoy
Philippe de Beco
Jean-Louis Caffier
Philippe Cury
Nardo Vicente
Patrick Poivre d'Arvor
Gérard d'Aboville

Nathalie Lebas-Vautier
Riccardo Tinelli
Cécile Gaspar
Catherine Tissot-Colle
Justine Edmond
Richard Bailey
Wendy Watson Wright et toute l'équipe de la Commission océanographique intergouvernementale de l'Unesco.

Viviane Le Dissez et toute l'équipe du Conservatoire du littoral.

Jean-Paul Delevoye et mes chers collègues du CESE.

Jean-Marie Boucher et toute l'équipe de ConsoGlobe.

Au magazine *TerraEco* pour leurs travaux.

Valérie Fourrier, Véronique Meynier, Richard Bastide, Mallaurie Minart et toute l'équipe de ma Fondation qui font un travail magnifique tous les jours et qui m'ont supportée pendant ces longs mois d'écriture.

A Nicolas Hulot et Yann Arthus-Bertrand, mes pères.

Enfin, un grand merci à Muriel Beyer, Cécile Majorel, François Forestier et toute l'équipe des éditions Plon qui m'ont fait confiance.

Avant-propos

Cette fois-ci, on frôle l'overdose ! Le discours écologiste qui tourne en boucle, alarmiste et culpabilisant, est d'une autre époque. Ouvrons les yeux... et les fenêtres ! Un peu d'air, s'il vous plaît. Une crise financière d'envergure touche l'Europe et il est temps de réfléchir à notre avenir. A l'heure où les médias n'ont de cesse de se faire l'écho de la faillite des banques, des dérives financières en tout genre et autres fluctuations de la Bourse mondiale, l'urgence est aussi et surtout de porter un autre regard sur les problématiques environnementales, d'arrêter les préjugés, les jugements de valeur et les positions trop hâtives. Assez de la caricature ! Trop facile, de laisser ces questions « aux autres » ; insensé, de ne pas voir dans l'économie verte un moyen de « s'en sortir » ; ridicule, le fait d'entretenir la légende consistant à proclamer que l'écologie n'est qu'une question de riches ou de bobos parisiens. Sincèrement, la question n'est plus de savoir s'il faut protéger les gentils papillons ou les mignons dauphins, mais bien de trouver des solutions pour la survie de chacun d'entre nous. La population mondiale croît et il va bien falloir nourrir tout le monde. Non, il n'y a pas d'un côté des humains sans cœur qui vivent dans des villes, confortablement barricadés derrière leur béton et de l'autre des pacifistes écolos habillés en hippies qui aiment la forêt et comprennent le chant des oiseaux. STOP. Tout au contraire, il y a partout sur cette Terre devenue petite et fragile sept milliards d'humains qui s'agitent et tentent de trouver leur place au cœur d'une nature de plus en plus sollicitée. Une nature qui n'a jamais autant rendu gracieusement de services à l'Humanité et que nous reléguons trop souvent au rang de simple distraction pour quelques jours de vacances par an. Nous consommons les milieux naturels comme n'importe quel autre produit vanté en une des magazines sans nous rendre compte que ce sont ces milieux naturels qui nous font respirer, manger, survivre le reste de l'année. Pourtant, jusqu'à aujourd'hui, nous ne savons toujours pas comment repeupler les essaims d'abeilles en diminution, comment redonner vie aux millions d'espèces disparues. En regardant mieux, la crise des *subprimes* dont nous parlent les gros titres du journal de 20 heures n'est peut-être pas si grave.

Comment intégrer au plus profond de nos cœurs que nous faisons tous, humains, animaux, végétaux, partis de la même biosphère, que nous vivons indissociablement avec cette nature qui nous est encore trop inconnue ? Soyons honnêtes : nous gaspillons notre environnement, dépensons au-dessus de nos moyens, brûlons aujourd'hui sans état d'âme les ressources naturelles dont nos enfants auront besoin demain. La corne d'abondance n'existe pourtant pas : un jour le puits, s'il est mal géré, finit par se tarir.

Après Katrina, c'est l'ouragan Sandy qui a ravagé New York. La faute au changement climatique ? On n'en a pas la preuve, certes. Mais ce qui est certain, c'est que si on ne baisse pas nos émissions de CO_2, si on ne se dirige pas vers une société plus sobre en carbone, la machine climatique nous promet des catastrophes en chaîne et, aujourd'hui, aucune grande ville n'est vraiment prête à y faire face.

Loin de moi, toutefois, l'idée de prôner une quelconque décroissance ou le retour à la lampe à pétrole. En tant que jeune femme, maman, navigatrice pour certains, écolo pour d'autres, amoureuse de notre planète et encore plus du genre humain, ma modeste volonté n'est que d'amener chacun à comprendre qu'il est temps de faire fructifier notre capital, pas celui que nous cachons sous nos matelas, mais ces trésors que notre bonne vieille planète met à notre disposition depuis plus de quatre milliards d'années. Partout à travers le monde, dans l'espoir de nos enfants autant que dans les cerveaux de nos chercheurs, économistes, scientifiques, entrepreneurs émergent des solutions pour qu'écologie rime enfin avec économie.

Depuis plus de quinze ans, après avoir longtemps vécu au cœur de la nature et passionnément observé, écouté, étudié l'environnement dans lequel nous vivons, évoluons pour certains, survivons pour d'autres, je me suis engagée pour la préservation de notre planète. De nombreuses expériences personnelles, tant lors de mon enfance passée en mer que lors de mes exploits maritimes, m'ont marquée. Aujourd'hui, et chaque jour un peu plus en observant l'océan, baromètre de la planète, je veux prendre mon porte-voix pour témoigner, alerter, pousser à la réflexion, à l'action.

J'ai choisi de m'adresser principalement à la jeunesse, aux futurs décideurs, hommes politiques, chefs d'entreprise, mais aussi à chacun d'entre nous pour insuffler l'envie, le désir, la volonté de faire évoluer individuellement nos comportements. Mon engagement se veut plein d'espoir et d'enthousiasme, en rupture avec l'idée que l'écologie est forcément rétrograde et ennuyeuse.

Pourquoi ?

Parce que les idées fourmillent, que la crise sera, j'en suis convaincue, un déclencheur et pour la simple et bonne raison que je crois profondément en l'Homme, en sa capacité d'adaptation, en son intelligence, en son savoir-faire pour inventer, innover, rêver un monde de demain qui lui serait plus profitable. Pour que l'adage de ma Fondation « Sauver l'Océan, c'est sauver l'Homme » ne soit pas vain et parce que, sincèrement, j'en ai ras le bol de m'entendre rabâcher que tout cela n'est que du marketing, une mode de plus, les hallucinations de ceux qui ne veulent pas tuer les carottes et autre inepties qui feraient se retourner dans leur tombe des hommes comme mon grand-père qui m'apprenait déjà toute petite à utiliser du vinaigre blanc pour nettoyer ou à attendre l'été pour déguster des framboises. Comment, donc, se fait-il que nos aïeux trouvaient hors de propos des modes de consommation qui aujourd'hui ne font plus sourciller personne ? Que nous est-il arrivé pour que nos enfants, à la question « elle vient d'où l'électricité ? », nous répondent inlassablement « de l'interrupteur » ? Nous nous éloignons de nos origines. L'essentiel se mélange au superflu. La course au progrès n'a pas toujours le sens souhaité.

Les questions environnementales sont pourtant plus au cœur de notre quotidien que nous le croyons. Alors, ne laissons pas quelques mouvements sans nuance résumer notre avenir à un combat contre la croissance. Assez de discours politiques écolos qui ne répondent trop souvent qu'à des ambitions personnelles ! Certaines lois de la communication nous échappent et les vraies problématiques sont laissées de côté. L'écologie, l'aspiration de voir nos enfants naître dans un monde plus durable ne peuvent se résumer à une guerre partisane qui pousse à la division, au conflit, à la caricature.

Alors qu'importent les bruits de cour et autres prises de parole déraisonnables, le développement durable progresse, des milliers d'initiatives positives se dessinent, petites associations et plus importantes institutions travaillent main dans la main, une volonté forte de changer les choses poursuit sa route. Nous sommes à la croisée des chemins et nous avons toutes les cartes en main : il n'y a pas de fatalité, à nous de changer de logiciel et d'inventer un projet pour une société plus inspirante, à la fois sobre et prospère.

Ami lecteur, reprenons les rênes de notre avenir, tant de choses sont encore possibles. Les générations futures sont pleines d'envie, d'espoir et d'imagination. Dorment sous nos pieds des richesses inestimables qu'il ne tient qu'à nous de ne pas laisser disparaître. Levons-nous ! « Il suffirait que les gens ne l'achètent plus pour que ça ne se vende pas », disait Coluche. Le pouvoir est là ! C'est celui de faire le choix d'une vie plus réfléchie, la promesse d'une existence plus durable et heureuse.

Et si notre avenir dépendait intégralement du Grand Bleu ? Bien sûr, vous allez vous dire que je prêche pour ma paroisse ! Certes, je suis une amoureuse de l'océan, j'ai vécu plus de temps sur l'eau que sur la terre ferme. C'est donc de ce trésor, réservoir fabuleux de solutions, que je connais bien que je souhaite vous entretenir. Car comment ne pas être particulièrement attentifs à ces océans qui constituent 70 % de la surface du globe et fournissent plus de la moitié de l'oxygène que nous respirons, qui nourrissent plus d'un humain sur deux, régulent notre climat et sont une réserve gigantesque d'énergies renouvelables, de médicaments et d'emplois ?

Nous avons devant nous, non pas encore la planète Pandora du film *Avatar*, mais bien l'incroyable challenge de construire une société à la fois plus respectueuse de notre environnement et dont le développement économique permettra une vie plus juste pour tous. A l'heure où tout le monde est connecté, connectons nos énergies et larguons les amarres !

Mes aventures à la rame ou à la voile m'ont appris que l'on pouvait réaliser des rêves bien plus grands que nous, alors, ensemble, inventons le monde de demain !

1

Pour éviter un septième continent

> « Celui qui attend que tout danger soit écarté pour mettre les voiles ne prendra jamais la mer. »
>
> Thomas FULLER

Il est 10 heures du matin, le 7 décembre 1984, l'air est rare, la chaleur épaisse. Un goéland au plumage argenté perce les nuages et descend en flèche jusqu'au plus près de l'eau. L'océan Atlantique défile comme un tapis roulant sous ses ailes. Les mouvements du Grand Bleu sont si rares qu'en s'y penchant d'un peu plus près, l'oiseau pourrait apercevoir son reflet dans l'étendue métallique. Il poursuit sa route, ivre de soleil, probablement à la recherche de nourriture. La grand-voile pend comme un vulgaire drap qui sèche. Le voilier est englué, silencieusement pris au piège, spectateur comateux du volatile en chasse. Nous sommes à quelques dizaines de miles des côtes du Cap-Vert, au beau milieu de l'océan. J'ai sept ans.

Je suis dans le cockpit, assise derrière l'immense barre en bois, à me demander ce qu'il y a sous mes pieds. Cinq mille mètres, peut-être 9 000, 11 000 mètres de profondeur, quasiment inexplorés. On connaît mieux la surface de la Lune que le fond des océans !

Evidemment, vous allez vous dire : « Maud et son combat, normal, elle est tombée dedans toute petite ! » Vous n'auriez pas tort. Etre partie en mer à l'âge d'une semaine vous marque et voyager ensuite plus de quinze ans en famille sur les océans du globe continue de vous imprégner.

Depuis toute jeune, j'ai respiré, arpenté, décodé dans ses moindres détails notre Grand Bleu, les trois quarts les plus mystérieux de notre planète. Ma place était plus en mer qu'à terre. J'ai toujours été fascinée par ces paysages à perte de vue, par cette sensation du sans frontières ni limites. En mer, c'est l'excitation des nuits sans toit, sans superflu ni horaire. Un univers moins rassurant, moins domestique, moins raisonnable, moins confortable que ce que l'on connaît, j'en conviens. Mais, croyez-moi, cette immensité inhumaine vous fait frissonner d'un pur bonheur. Des années durant, je me suis nourrie de cette beauté brute, de ces rencontres sans peur ni domination avec les animaux marins, de ce vent capricieux et de ces embruns glacés. Si j'ai toujours été aimantée par la mer, aujourd'hui, après avoir longtemps planché sur le sujet, je sais que cette attirance n'est pas seulement le ressenti d'une navigatrice. C'est un retour à nos origines et à celle qui pourrait nous apporter les solutions aux problèmes que rencontrent nos sociétés.

Toute mon enfance sur le bateau a été un fabuleux mélange d'autonomie, d'autarcie, de sobriété et de simplicité. Une vie au plus près de la nature – tout en gardant les pieds sur terre. Les côtes se sont urbanisées en même temps que je grandissais. Les déchets apparaissaient tous les jours un peu plus sur notre route. J'ai vu la quantité de poissons diminuer, les barrières de corail s'effondrer comme des châteaux de sable, les écosystèmes marins devenir de plus en plus vulnérables : tout un univers fascinant est devenu le laissé-pour-compte de nos modes d'existence.

C'était une vie sans téléphone, sans eau courante ni chauffage. La chasse sous-marine quotidienne nous nourrissait et les journées étaient rythmées par l'école par correspondance, les réparations à réaliser sur le bateau, la confection des vêtements et la découverte des îles. Mes deux frères et moi étions élevés sous le soleil, avec des poulpes et des langoustes dans nos assiettes. Formés à observer, respecter, protéger ce qui nous entourait, nous vivions simplement pour simplement continuer à vivre au cœur de cet environnement merveilleux.

En mer, on avance à tâtons, sans autre repère que le soleil au rythme duquel on cale son existence résumée à l'essentiel. C'est ainsi que j'ai choisi pendant plus de la moitié de ma vie de m'isoler dans ce monde sans frontières pour savourer, à m'en soûler, cette délicieuse quiétude de me sentir à la fois prisonnière et libre. Ici, pas moyen de tout arrêter, pas de frein à main, ou de « pouce ». Vous êtes partis, il faut assumer. L'océan ricane : « Il fallait y penser plus tôt, tu aurais dû réfléchir plus longtemps ! » La marche doit continuer, comme la caravane dans le désert jusqu'au prochain puits, votre survie en dépend.

Parfois, il m'arrive de ressentir comme un léger frisson à l'idée d'avoir ainsi ma vie, ma survie, entre mes mains. Vous êtes sans filet, livré à vous-même, devant faire appel à toutes vos capacités, savoir-faire, enseignements emmagasinés avant de quitter le port. Vous n'avez plus qu'une solution : vous adapter. Chose à laquelle nous sommes pour la plupart particulièrement désaccoutumés, tout simplement parce que nous nous retrouvons rarement seuls, abandonnés dans un univers hostile, ne pouvant rien attendre de nos congénères. En mer, vous êtes le maître du jeu, à vous de partir avec les bonnes cartes en poche et attention à ne pas abuser du bluff. Emotion garantie. J'aime ce bouillonnement qui ne vous quitte plus dès lors que vous avez passé la dernière bouée. J'aime cette intensité face à ce grand vide qui se dresse alors devant moi comme une ombre intimidante. J'entre pleine d'espoir dans un territoire sans portes, ni serrures. Ici, pas de barbelés, ni de garde-frontière. Je m'intègre dans un nouveau décor où je n'ai plus qu'une envie : me faire oublier, passer sans être vue.

Les années s'écoulant, les miles nautiques s'accumulant, mon regard sur la mer a changé. Enfant, l'océan me berçait sans contrepartie. Aujourd'hui, je sais combien il peut se faire aussi cruel et menaçant que fragile et vulnérable. Combien de fois l'ai-je vu se métamorphoser en quelques heures à peine ? Il a si souvent figé mon sang de peur, tout brutalisé sur son passage, transformé en simple carcasse de bois à la dérive mes bateaux successifs. Il m'a giflée sans relâche, a roué de coups mes embarcations, m'a laissée enfermée à fond de cale des jours durant. Depuis la côte, nous l'avons tous connu en furie, s'acharnant contre les falaises, faisant éclater sa hargne contre les terres se trouvant sur son passage, comme déterminé à toutes les faire disparaître dans un bouillonnement d'écume.

C'est cette dualité qui m'a toujours captivée. Les mers du globe cachent à la fois d'immenses ressources, indispensables aux Hommes, et une fragilité insoupçonnée. Nous restons persuadés de l'immensité de l'océan, de son abondance, de ses capacités à se renouveler et nous avons, entre nous, d'autres chats à fouetter que de gérer ses états d'âme ! Lorsque je me penche aujourd'hui sur l'épineux problème des défis que nous avons à relever pour que nos enfants aient les mêmes chances que nous, je me dis qu'il va sérieusement falloir prendre notre courage à deux mains. La mutation qui est demandée à nos sociétés ne se fera pas en un jour, certes, mais il faudra bien avoir en tête que la première porte du sas devra être fermée pour que la seconde puisse s'ouvrir. Il faudra croire en l'avenir, nous donner une chance et refuser l'inertie épuisante du fatalisme. Rendons-nous à l'évidence, sans les océans notre planète serait un caillou désertique perdu dans l'espace.

Il y a près de quatre milliards d'années, la Terre était une simple sphère incandescente, pilonnée par des comètes et des astéroïdes. Ce n'est que lorsque la planète a fini par se refroidir qu'il s'est mis à pleuvoir : une pluie abondante, acide, riche en gaz carbonique qui en dévalant a lessivé les minéraux des roches et a donné son goût salé aux océans. Mais c'est dans les profondeurs, au niveau des cheminées sous-marines d'eau bouillante (plus de 400 degrés) où régnait un mélange de chaleur, de métaux lourds et de gaz toxiques, que la vie primitive est née. Des bactéries dont nous sommes tous issus ! Aujourd'hui, des milliards d'années plus tard, la composition de l'océan reste étonnamment la même avec des taux identiques en potassium, sodium, iode... une composition qui se rapproche de l'eau qui coule dans nos corps. C'est dire combien nous sommes liés à cet élément dont nous ne connaissons pourtant qu'une infime partie. Selon les scientifiques, 10 %

des océans seulement ont été explorés de façon très grossière et uniquement 1 % de façon détaillée. Les grands fonds restent en 2013 aussi mystérieux qu'effrayants : « Il fait froid, il fait noir, il fait faim, il fait profond », disait un jour Théodore Monod à l'issue d'une plongée. A première vue, d'apparence circulaire, la mer peut sembler monotone. Elle l'est parfois, mais ennuyeuse ? – jamais. Au début, on se sent aveugle, on se croit face à un monde inhabité et inhabitable. Le décor vous paraît identique. La mer peut rester secrète pendant des jours, des semaines, des mois avant de lever le voile et de se laisser apprivoiser, déchiffrer comme un vieux grimoire. L'océan est le plus grand espace offert à la vie sur terre. Nous sommes en réalité, il faut se le dire, sur une « planète océan ». Aujourd'hui l'Homme se tourne judicieusement vers le Grand Bleu pour y puiser des solutions pour sa survie, comme l'ont fait avant lui des espèces comme le dauphin, qui, après être sorti de l'eau pour rejoindre la terre ferme, est revenu à ses origines.

Lorsque, après avoir bien bourlingué, ma famille et moi sommes revenus sur le continent, le brouhaha de la ville m'a tout à coup semblé comme un cœur malade qui s'emballe Les Hommes, leur course incessante, les bousculades, l'affluence, le fourmillement des êtres sur la terre... Tout cela m'était étranger. Je recherchais l'exil, la solitude, la réflexion, l'isolement. Même si cela ne me semblait pas naturel, j'ai dû m'adapter. J'ai observé et cherché à comprendre. Il fallait inverser la tendance. C'est ainsi qu'au fur et à mesure des années, ma connaissance des océans n'a fait que nourrir mon amour pour eux. On étouffait sur terre et pourtant un autre chemin était possible. Si, comme je le pense, nous sommes faits de glaise, que la vie n'est autre que la main du sculpteur, ma plus grande crainte serait que la terre sèche trop vite, qu'elle nous cimente dans nos certitudes et notre peur du changement. Qu'elle assèche notre conscience, nous rende froids à tous projets ambitieux, sourds à l'audace du long terme. Alors qu'à l'instar de nos navires, nous devons nous libérer de nos amarres et larguer les plombs de nos poches.

La France, deuxième puissance maritime mondiale derrière les Etats-Unis grâce à la richesse de son outre-mer, ne peut plus négliger les océans, ce fabuleux champ du possible. Notre nation doit prendre le leadership. Il est inconcevable qu'actuellement près de 60 % de notre planète soient une zone de non-droit. Comment s'expliquer que cet espace immense, regorgeant de richesses, échappe encore pour l'essentiel au contrôle des Etats ? Chez les marins, ce n'est pas parce qu'il n'y a pas de gendarme qu'il n'y a pas non plus de règle ou de code à respecter. Ici, vous n'êtes pas chez vous. On vous tolère, un point c'est tout. Le prix de la liberté est l'abandon de tous vos principes, habitudes, droits inaliénables dont le Grand Bleu n'a évidemment que faire. Dès le premier jour, à coups d'embruns dans la figure, l'océan affiche le règlement. Neptune sera votre nouveau guide et maître. Au programme : le mauvais temps, les rafales de vent menaçantes et les coups de boutoir sur la coque de votre bateau. On ne prend pas de gants avec vous. Pas de longues négociations. La plénitude se gagne laborieusement, douloureusement. Et c'est alors que, dépossédé de tout, débarrassé du superflu, au cœur de notre matrice, on se sent « à sa place », rechargé par une énergie nouvelle qui nous laisse croire en l'impossible.

La réalité est malheureusement crue et sans détour, vous êtes sortis de vos rêveries par cette triste évidence : des ramassis de plastiques à perte de vue. Six millions de tonnes de déchets sont rejetées à la mer chaque année partout à travers le monde. Produits chimiques toxiques, polystyrènes, bouteilles, objets flottants non identifiés, hydrocarbures, etc. Des milliards de détritus qui jonchent le fond des océans et traînent désespérément en surface dans l'attente d'une bonne âme pour les ramasser. Manque de civisme, conséquences inévitables de nos modes de consommation, stations d'épuration trop peu nombreuses, prise de conscience insuffisante... Les océans dégueulent d'immondices. Et les marées noires, sachez-le, même si elles sont spectaculaires, ne sont pas les pollutions les plus importantes. Ce n'est que le haut de l'iceberg.

1997 : au nord-est du Pacifique, entre Hawaï et la Californie, le capitaine Charles Moore découvre un continent entier de plastique ! Appelé le « septième continent » ou « soupe de plastique », il est constitué de déchets de toutes sortes rassemblés par les courants marins océaniques (gyre subtropical du Pacifique Nord). Dans cette région du globe, les courants, tournant dans le sens des aiguilles d'une montre, créent une spirale interminable qui fait tourbillonner les déchets plastique tout comme le vent le fait avec des papiers sales dans un recoin de place publique. Mesurant six fois la taille de la France, ce vortex de déchets est composé de huit fois plus de plastique que de plancton. Selon des calculs de l'organisation écologiste américaine AMRF, la superficie de cette plaque de détritus a triplé entre 1997 et aujourd'hui, et pourrait encore être multipliée par dix d'ici à 2030. Des chiffres qui me font pâlir et qui s'ajoutent au fait que d'autres zones du même type existeraient ailleurs, dans l'Atlantique Nord notamment. Les conséquences sont des zones de stérilité où plus aucune vie n'est permise Aucun Etat ne prendra en charge ces pollutions dans des eaux internationales sans juridiction. Un nettoyage onéreux sera donc laissé à d'autres. Ici sont visibles les stigmates de la gestion inadaptée de nos rejets.

Une politique internationale aveugle qui impacte toute la chaîne alimentaire et qui au final pollue sournoisement nos propres assiettes.

Aucune espèce vivante de notre planète, indissociablement, n'échappe à cette règle. Un maillon, aussi petit soit-il, qui ne joue plus son rôle et c'est tout le système qui est paralysé. L'océan tient un rôle primordial. C'est un gigantesque tapis roulant véhiculant des masses d'eaux chaudes et froides, agissant en thermostat pour réguler le climat mondial. Il déplace matières nutritives et plancton des zones abondantes vers les plus pauvres en nutriments, absorbe notre dioxyde de carbone, nous renvoie de l'oxygène. Pierre angulaire du cycle de l'eau, il est la clef de voûte de tout l'édifice climatique du globe.

Le problème actuel, aussi lointain qu'il paraisse de nos vies quotidiennes, probablement le plus alarmant selon la communauté scientifique, est l'acidification de nos océans. Alors que le pH marin n'a pas changé depuis des millions d'années, voilà qu'il varie dramatiquement depuis à peine vingt ans. Une variation très préoccupante et très rapide qui risque d'engendrer des problèmes en chaîne dans les profondeurs, depuis le zooplancton au squelette en calcaire, à la coquille des crustacés en passant par la structure des coraux. Matrice du monde vivant, racine de nos existences, silencieusement, la mer suffoque à absorber nos émissions de CO_2. Elle s'essouffle de l'accélération de notre rythme. On frôle l'emballement. Le large se vide de ses ressources pour mieux se remplir de nos rejets.

Je la regarde : un horizon à perte de vue, un feu d'artifice de couleurs avec ses récifs coralliens, une incroyable diversité d'êtres vivants, du ballet des dorades coryphènes à l'ombre des coques de nos bateaux à la grâce des baleines à bosse. Des trésors à respecter, s'il vous plaît ! Soixante-quinze pour cent des stocks de poissons sont aujourd'hui surexploités ou en voie de l'être. Qu'attendons-nous ? J'en suis certaine : une autre exploitation, prenant en compte la valeur écologique et économique de l'océan, est possible. Exploiter, oui, mais avec maîtrise et évaluation des impacts causés aux écosystèmes marins. C'est l'occasion de prouver qu'une autre voie est possible.

Oui, des obstacles se dressent, inévitablement, et nous allons devoir y faire face. Nos intelligences, savoir-faire, capacités d'adaptation vont être mis à rude épreuve. N'attendons pas la pénurie pour réguler et demandons-nous dans quelle société nous aimerions vivre au quotidien. Tout ce que l'homme a fait de plus beau, il l'a construit avec ses rêves, sa volonté, son audace de voir les choses autrement. Retroussons nos manches, rejoignons tous ceux qui y croient et qui œuvrent dans l'ombre. Le changement est en marche. Et, comprenez-moi bien, il n'est pas question pour moi de quitter nos villes pour aller vivre dans des cavernes, mais plutôt de s'affranchir de certaines de nos habitudes, de comprendre notre lien indispensable avec la nature, de réfléchir à des issues nouvelles, pérennes. Nous ne pouvons plus cautionner des incohérences par notre silence. Le vernis de certains discours doit sauter pour laisser la place à plus de sens, de « bon sens ». L'urgence est à une prise de conscience qui doit pousser à l'action. Valorisons ceux qui ont entamé ces démarches positives. Des bonnes idées, des propositions de mesures, des programmes « développement durable » à mettre en place, tout cela ne manque pas. De nombreuses associations, entreprises, institutions réfléchissent depuis des années et ont des solutions à proposer.

L'appât du gain, inhérent à l'Homme, devrait nous servir à changer les choses. Soyons plus durables pour être plus rentables ! Refusons le fatalisme. Plus que jamais c'est la crise économique qui va nous aider à basculer vers un changement écologique. Battons-nous contre ce mélange de pessimisme et d'alarmisme ambiant. Il faut rompre avec le discours actuel radical. L'urgence est au rassemblement pour une écologie raisonnable et modérée.

Si j'ai fait le choix de réaliser un tour du monde à contre-courant, alors que tous le font dans le bon sens, c'était avant tout pour prouver que les difficultés peuvent être à la fois un moteur et un révélateur. Le fait que ce ne soit pas gagné d'avance ne peut être qu'une motivation supplémentaire. La route sera longue mais elle est indispensable, attendre ce serait reculer. De nombreux Etats sont déjà en chemin pour donner du sens au progrès. Nos progrès, siècle après siècle, ont été déterminants pour la santé, l'alimentation, les soins, les droits de l'Homme... et l'environnement ! Nos villes étaient sales, insalubres, dépourvues de ramassages des déchets, polluées d'épidémies en tout genre. On ne cite plus tout ce que la science, la recherche, l'industrie, les évolutions techniques ont amélioré en faisant augmenter notre espérance et nos conditions de vie. Nombre d'espaces forestiers ont été mieux gérés, des aires marines protégées sont apparues, on a instauré des quotas de pêche, interdit la chasse à la baleine et augmenté la sécurité sur les navires. L'heure n'est plus à imposer l'Humain à la nature mais à adapter des solutions aux différentes situations, ne pas être totalitaire tout en se projetant dans un avenir plus respectueux des Hommes et de leur environnement.

Pourtant, oser cette indispensable révolution technologique, économique, politique et culturelle n'est pas gagné. La peur d'être catalogué comme un « écolo primaire », « soixante-huitard attardé » fait taire la voix de beaucoup d'entre nous. Le fait que ces questions soient depuis trop longtemps considérées comme un combat de mouvement politique bien souvent à gauche est un non-sens. Tout au contraire, nous attendons une vision collective et non partisane. Ne laissons pas ce combat essentiel pour chacun d'entre nous être pris en otage, écartelé entre des visions extrémistes rétrogrades et un négationnisme suicidaire.

Ma conviction, partagée par des milliers d'individus de bonne volonté et d'entrepreneurs, est qu'il est indispensable d'associer développement, croissance et maîtrise de leur impact sur l'environnement. Un climat de méfiance à l'encontre du milieu économique écrase trop de bonnes initiatives. Le changement passera pourtant par là. Nous, citoyens, avons besoin qu'il nous soit proposé un autre possible. Alors oui, permettez-moi de le dire, le business durable peut être une voie pour sortir de la crise. Oui, pour avoir travaillé avec elles, j'ai constaté au sein de bon nombre d'entreprises une farouche volonté d'être « éco-compatibles ». Oui, beaucoup repensent leurs métiers en ce qui concerne l'emploi, la production, le transport, la distribution ou encore l'impact sur l'environnement et ce sans nuire au développement économique et à la pérennité de leur secteur. Oui, n'en déplaise à quelques écolos, économie peut rimer avec écologie !

Comment séduire tout le monde ? Le consensus existe rarement. Des désaccords vont naître, des polémiques, des critiques, des mensonges. Nous n'avons pas tous la même vision du progrès, nous ne croyons pas tous en la technologie, ni en la possibilité de l'Homme de changer. Et nos pays n'ont pas tous les mêmes intérêts dans ce changement. Il est donc fondamental de mettre en place un plan d'action mondial et de s'y tenir. L'ensemble des scientifiques du monde est d'accord sur l'urgence. Demeurent bien sûr quelques exceptions, des opinions très à la marge qui ont toutes été réfutées par des réponses bien sonnées : des polémiques nées comme l'invocation que l'hiver a été froid pour contester un changement climatique fondé sur l'effet de serre, un débat tout aussi attristant que ridicule. Les climato-sceptiques eux-mêmes savent que ce n'est pas sérieux, mais c'est tellement attirant de surfer sur des idées reçues.

Malgré l'accumulation de rapports d'éminences grises, certains d'entre nous attendraient bien que le mouvement vienne d'ailleurs. Diable, qu'il est difficile de se projeter dans le long terme, alors que nous avons déjà tant de mal à régler les problèmes du court terme. Je comprends ce dilemme. Entretenir la discorde est souvent la voie la plus évidente. A quand un homme d'Etat pour taper du poing sur la table ? Un homme pour se lever dans les instances internationales comme j'ai vu personnellement le faire Nicolas Sarkozy à Copenhague afin d'éviter le désastre complet ? Stop aux oppositions stériles entre les hommes politiques et les associations (ONG), entre les institutions internationales et les consommateurs, entre les industriels et les syndicats. Nous avons tous une même direction où aller. Nous le savons. On ne peut plus avoir d'un côté les scientifiques qui travaillent dans l'ombre et de l'autre quelques gros titres provocateurs et sans fondement dans la presse. Chacun, comme dans n'importe quelle équipe, doit trouver sa place et faire avancer les choses. Tous les rôles sont importants, du professeur face à ses élèves au ministre devant une assemblée internationale, en passant par l'agriculteur engagé ou le porte-parole médiatique. Valorisons la cause. Projetons-nous, levons la tête. Agir c'est, avant tout, pour nos portefeuilles, notre bien-être, notre bonheur, nos enfants et petits-enfants. Chacun d'entre nous détient une partie de la solution, depuis une meilleure isolation de nos habitats jusqu'aux modes de transport plus écolos. Osons !

Les mesures qu'il faudrait prendre rapidement

– Etablir un plan national d'envergure pour l'éducation à l'environnement dans le milieu scolaire.
– Lutter contre la pêche illicite en contrôlant mieux les bateaux qui vident leurs cargaisons sur nos îles d'outre-mer.
– Créer une banque de la transition écologique. Le développement durable manque de ressources. Les projets d'éco-innovation sont trop peu soutenus par les banques. Des milliers d'idées restent lettre morte faute de crédits suffisants. Si on souhaite rénover le

logement, développer les énergies renouvelables, trouver des solutions innovantes pour pallier l'érosion de la biodiversité, explorer et exploiter les fonds sous-marins, assurer une meilleure surveillance des pêches... il va bien falloir qu'une banque nationale puisse financer.

– Rénover les trois millions cinq cent mille habitations mal isolées. Quatre cent mille logements par an tel que l'avait envisagé le Grenelle de l'Environnement. Une volonté politique est attendue sur cette question.

2

Ça commence dans nos assiettes

> « L'Homme ne pourra jamais cesser de rêver. Le rêve est la nourriture de l'âme comme les aliments sont la nourriture du corps. »
>
> Paulo Coelho

Nous filons à sept nœuds. Il est 5 heures du matin. Le vent pousse le corps du bateau. Le soleil débute sa course vers l'ouest et nous nous lançons à sa poursuite. Les cols des vestes de quart claquent au vent. Des giclées d'eau glacée fouettent les visages. Les vagues gonflent et s'invitent dans les petites embarcations.

Des semaines auparavant, ces mêmes hommes ont pris la mer pour y installer les pièges. Depuis l'Antiquité, les pêcheurs du pourtour sud de la Méditerranée pratiquent cette technique de pêche appelée « la madrague ». Des bateaux légers et des hommes libres, qui partent avec passion, la ténacité chevillée au corps, reproduire ce que faisaient déjà leur grand-père et leur père. En route vers une pêche saisonnière et artisanale destinée essentiellement à la capture du thon rouge. Tous les ans, les plus grands spécimens de l'emblématique poisson vont ainsi être capturés au printemps par d'ingénieux filets. La bête sera saisie vivante alors qu'elle vient, en suivant les côtes dans le sens inverse des aiguilles d'une montre, se reproduire dans les eaux plus chaudes de notre mer Méditerranée.

Les nerfs sont à vif, les traits tirés, les yeux rougis par le sel. Les bottes des marins pataugent. La mer soulève le bateau. Le détroit de Gibraltar voit arriver ces placides guerriers. Les petites embarcations viennent se cramponner à la bordure de la « chambre de mort », l'extrémité du piège en forme d'entonnoir pouvant mesurer jusqu'à trois kilomètres. La quarantaine d'hommes d'équipage s'affaire. Les bancs de thons remontent le filet, passent furieusement de chambre en chambre jusqu'à se rapprocher de l'ultime prison.

La récupération des captures commence alors. Le poisson est d'une qualité magnifique. Le bateau croule sous le poids de l'équipage penché sur tribord. On pique, on assomme, on aligne et on crie pour se donner du courage. L'odeur aigre du sang monte aux nez. Les thons rouges s'effondrent, dégringolent, s'affaissent inertes aux pieds des marins. Personne ne regarde en l'air. Le pont brille du reflet bleuté des centaines de bêtes qui se meurent. La culture, la tradition de tout un peuple espagnol se jouent dans le sang et la sueur. La ruée vers l'or bleu est en marche.

Quatre-vingt-dix millions de tonnes de poissons sont pêchées par an. A cause de cette quantité massive, comme de nombreuses autres espèces, le thon rouge est menacé. Comment imaginer qu'à 300 euros le kilogramme, cette chair tendre et savoureuse ne fasse pas tourner quelques têtes ? Cet animal aérodynamique superbe, capable d'accélérer plus vite qu'une voiture de course est l'objet de toutes les convoitises. Une espèce en danger. Alors que le comité scientifique de la Commission internationale pour la conservation des thonidés de l'Atlantique (ICCAT) préconise de le pêcher à hauteur de huit mille tonnes pour avoir une chance sur deux de voir le stock se reconstituer d'ici à 2022, les quotas accordés ont été de treize mille cinq cents tonnes en 2012 et, en réalité, selon l'association américaine PEW, plus de trente-deux mille tonnes de thon rouge auraient été pêchées la même année sous l'œil passif de nombreux pays. Au Japon, grand amateur de cette espèce, plus de 60 % des captures sont réalisées par un même groupe qui développe encore sa flotte, réalise des réserves et congèle des milliers de tonnes de cette denrée rare chaque année dans le but peut-être, qui sait, de faire monter le prix de cette matière précieuse ?

J'attends impatiemment que la nuit s'échappe. Il est pourtant plus de 7 heures, mais une profonde obscurité s'est abattue sur la mer. L'avant de mon voilier disparaît sous un voile blanc fantomatique. En plein milieu de l'océan Pacifique, je m'enfonce dans un pays d'ombres, lugubre et sans âme. La lumière est blafarde. La mer est comme une plaque de métal terni. J'avance à tâtons, recouverte de ce linceul de brume, oppressée par cette perte de repère. Ma plus grande frayeur dans ces instants de navigation dans la semi-obscurité est de me faire percuter par une flottille de pêche. Je m'agrippe à la barre. L'étrave de mon navire tel un hachoir trace laborieusement sa route. Enfermée dans ces geôles obscures et inhospitalières, je scrute inlassablement le bas plafond dans l'espoir d'une éclaircie. Il pleut. L'ambiance est sinistre. Je fais le dos rond et me cache sous ma capuche comme un animal dans son terrier.

Prisonnière de ce monde sans teinte, je pense aux bateaux de pêche et à l'évolution de leurs équipements, de plus en plus techniques et performants. Au cours des cinquante dernières années nous avons sans conteste développé une technique surdimensionnée qui n'aide pas les marins à vouloir réduire les prises. L'évolution est telle que les efforts de pêche augmentent alors que le nombre de poissons diminue. La capacité de prise mondiale est quatre fois supérieure au volume total de l'ensemble des pêches effectuées à travers le monde. Je reste songeuse. Un rideau de minuscules gouttelettes d'eau s'est attaché au mât de mon voilier. Si on ne s'intéresse qu'à la pêche à la palangre, on estime que pas moins d'un milliard quatre cent mille hameçons sont utilisés chaque année. Toutes les lignes des pêcheurs réunis représenteraient environ cinq cent cinquante fois le tour de la planète. Des chiffres qui me font tourner la tête.

Et quel gaspillage ! Des tonnes de nourriture sont sorties de la mer pour y être finalement rejetées car elles ne correspondent à rien d'« intéressant » à la vente. Sept à dix millions de tonnes de victuailles sont ainsi recrachées à l'eau chaque année. Un gaspillage colossal quand on pense que s'ajoutent à cela les trente millions de tonnes de pêche illicite estimées par l'Organisation des nations unies pour l'alimentation et l'agriculture (FAO) : plus de vingt milliards d'euros de prises délictueuses qui dérèglent tout le système. Rendons-nous compte, dans nos assiettes, plus de la moitié de ce que nous mangeons et qui provient de la mer a été volé ! Nous avons besoin d'un grand plan d'action contre cette pêche abusive et illégale. Les images d'archives des concours de pêche, de nos arrière-grands-pères jusqu'à aujourd'hui, avec des poissons de plus en plus petits, ne laissent plus la place au doute : nos prélèvements vont trop vite, trop fort, on ne laisse plus le temps aux espèces de vieillir. Un pour cent des bateaux prélèverait 50 % des prises mondiales. Que reste-t-il aux pirogues ?

En Afrique de l'Ouest, une des régions auparavant les plus riches en poisson du globe, les stocks diminuent. On y était pêcheur de père en fils, perpétuant une tradition depuis des millénaires. Aujourd'hui, le constat est alarmant : c'est fini ! Les pays occidentaux viennent pêcher dans ces eaux avec l'autorisation généreusement rémunérée des gouvernements. Qui se soucie des conséquences ? On prend le poisson par milliers de tonnes et on reconduit les Africains à nos frontières... Même si c'est douloureux à entendre, la vérité est que la surpêche des pays riches a bien souvent affamé les pays pauvres.

Sur les grands bancs de Terre-Neuve, chers à mon cœur, souvenirs de ma traversée de l'Atlantique à la rame depuis Saint-Pierre-et-Miquelon, ce sont les morues centenaires qui ont disparu, et des milliers d'emplois avec. Des homards sont apparus dans cette zone. Puis, comme dans beaucoup d'endroits, ce sont les crevettes qui ont proliféré, mais et après ? Les océans se vident de leurs richesses et se laissent envahir de méduses, d'algues et de vers. Une espèce qui disparaît et c'est toute la chaîne alimentaire qui est menacée. Pour les Hommes, c'est moins de nourriture, une qualité de l'eau qui se dégrade et le risque que tout un système vieux de plusieurs milliards d'années s'effondre.

Le mythe de l'océan sans limites, de la pêche abondante et miraculeuse est terminé. Nous sommes aujourd'hui comme le client d'une banque ayant sur son compte 100 euros rémunérés à 3 % qui prélèverait plus de 3 euros par an. Le résultat est sans appel : nous entamons tous les ans le capital des océans et menaçons sa survie. Les pêcheurs sont inquiets. Certains agissent, mais nous avons du mal à passer à une action mondiale efficace. Nous mangeons inlassablement du poisson car c'est très bon au goût et pour la santé. Des solutions existent pourtant. Nous avons chacun d'entre nous les moyens de mettre en marche le changement, d'améliorer nos modes de consommation et, ainsi, de préserver notre garde-manger. Nous devons maintenir ces activités ancestrales et restaurer les écosystèmes marins. Pourtant, aujourd'hui, de moins en moins de pêcheurs conseillent à leur fils de devenir pêcheur... L'homme saura-t-il s'adapter à lui-même ? Comment amener à l'action ? En traduisant en euros la valeur de ces richesses, de ces écosystèmes, de ces services que nous rend gracieusement la nature ?

Une étude mondiale lancée en 2007 par le G8, intitulée « L'économie des écosystèmes et de la biodiversité » (www.teebweb.org), a permis de rassembler des éléments économiques très révélateurs. Les insectes pollinisateurs contribueraient à eux seuls aux rendements agricoles mondiaux pour une valeur de plus de deux cents milliards de dollars par an. La richesse du bagage génétique des diverses espèces animales et végétales représenterait à elle seule la moitié du chiffre d'affaires de l'ensemble du marché pharmaceutique mondial.

Ma conviction est forte : le discours doit évoluer ! Oui, il faut protéger, mais autant pour des raisons économiques et éthiques que pour maintenir l'équilibre. Comment faire ? En prenant en compte le lien entre productivité et préservation de la biodiversité (qu'elle soit marine ou terrestre). Partout à travers le monde, les chiffres sont clairs : dès qu'il y a perte en nature, la pauvreté se développe. Préserver l'environnement consiste donc tout autant à préserver les hommes qu'à assurer leurs moyens de survie. La capacité de la planète à nourrir ses habitants est une des préoccupations majeures récurrentes. Mais nous devons avant tout concevoir une chaîne alimentaire adaptée à la satisfaction autant de nos besoins que de la préservation de l'environnement.

L'agriculture intensive fait des dégâts évidents dans les écosystèmes. Certaines régions de France, comme la Bretagne, en sont encore dépendantes. L'élevage porcin a certes permis de limiter l'exode des populations dans les années 1950, mais il a généré une pollution aux nitrates sans précédent. La « révolution verte », notre agriculture moderne, est l'une des principales causes d'épuisement des eaux, d'appauvrissement des sols et de pollution chimique. L'usage intensif d'engrais a entraîné l'eutrophisation des rivières, lacs et côtes. Il est donc urgent d'investir dans des systèmes de production durables.

Ces grandes questions ne font pourtant pas encore l'objet de grandes décisions. Nous sommes empêtrés dans des débats sur les organismes génétiquement modifiés (OGM) et semblons oublier qu'un milliard de personnes souffrent de la faim ! Quelle agriculture faudra-t-il inventer pour répondre au double défi de nourrir toutes les bouches et de préserver l'environnement ? Notre agriculture occidentale, responsable de près de 30 % des émissions de gaz à effet de serre, génératrice d'énormément de nuisances, n'est pas durable. Le foisonnement dans nos rayons de supermarchés de produits transformés finit par créer une concurrence déloyale vis-à-vis des produits végétaux de base pourtant indispensables à notre santé. Le goût des aliments est autant manipulé par des arômes que nos modes de consommation par un marketing agressif. L'exigence accrue de nos sociétés ne devrait-elle pas nous pousser à nous informer sur la composition de ce que nous mangeons ? Le faisons-nous ? Nous demandons-nous d'où vient ce que l'on déguste ? Cette espèce de poisson est-elle en danger ? Par qui a-t-elle été pêchée ? Qu'y a-t-il exactement dans cette soupe en boîte ? Comment a été élevé le poulet qui rôtit dans mon four ? Imaginez que nous trouvions à la carte d'un restaurant, parmi d'autres mets délicieux, du tigre ou du chimpanzé. Nous fuirions à toutes jambes. Pour le reste, nous fermons les yeux. L'industrie alimentaire nous propose bien souvent des produits qui ont fait des milliers de kilomètres, qui ont mûri sous des lampes et que l'on a lustrés avec des vernis pour les rendre plus attractifs. Tout cela est-il bien raisonnable ? Nos choix sont importants. Nous pouvons nous informer, soutenir nos producteurs pour qu'ils fassent le choix d'une agriculture durable, préservant la biodiversité alimentaire. A quand un Grenelle de l'Alimentation pour évoquer toutes les alternatives possibles ? Nous ne pouvons pas laisser nos nappes phréatiques se polluer et nos sols s'appauvrir alors que tant d'idées nouvelles sont en train de germer.

L'agriculture biologique, pour ou contre ? Certes, elle représente moins de 4 % des surfaces agricoles, mais c'est un vivier de volonté et de démarches enthousiastes pour un changement. Tout n'est pas parfait, il peut toujours exister quelques fraudes. Mais le milieu du bio est bien plus contrôlé que le secteur conventionnel. On reproche souvent aux produits issus de l'agriculture biologique de venir de loin. Cela ne représente en réalité que 30 % de ce que nous consommons en bio et ne concerne quasiment que les produits exotiques tels que les bananes, le café ou le thé. Tout le reste est français. Et, même s'il en déplaît à certains esprits chagrins, ces aliments sont bel et bien meilleurs pour la santé, pour celle des paysans qui n'avalent plus des pesticides à longueur de journée, pour la qualité de l'eau qui ne souffre plus de contamination, et pour nous, pour nos enfants et nos petits-enfants. Toutes les études et l'Institut national de la santé et de la recherche médicale (INSERM) le confirment : il y a dans les légumes et les fruits bio plus d'antioxydants, de fer et de vitamine C. Quant au lait bio, même constat : il contient plus d'Omega 3.

En tant que fervente consommatrice d'une alimentation raisonnée, je n'en reste pas moins consciente qu'il y a des faiblesses. Je vous le concède, les huiles de palme bio sont autant une ineptie que les certifications bio à l'étranger qui ne prennent pas en compte le droit du travail. Oui, il y a encore des progrès à faire, mais que cela ne nous empêche pas de réapprendre à lire les étiquettes, à comparer les produits et à adopter une nourriture plus saine.

Le Grenelle de l'Environnement avait fixé des objectifs ambitieux pour le développement de l'agriculture bio en France : 20 % des sols agricoles en bio d'ici 2012. On est encore loin du compte avec nos 4 % mais la progression existe bel et bien. A nous, en modifiant nos choix, d'encourager ces démarches. Les professionnels sont en ordre de marche pour faire évoluer les normes. Nombreux sont les paysans qui sont prêts à y inclure plus de social et de « bien-être de l'animal ». Des partenariats avec la grande distribution ont même été mis en place avec succès.

L'exemple du « Biolait » a permis tout à la fois d'aider des producteurs à se convertir au bio, satisfaits par un prix de rachat du lait raisonnable, et avec un public au rendez-vous d'un produit de grande consommation plus respectueux de la santé. Une filière de lait bio pérenne semble maintenant être en place. Parmi d'autres projets ambitieux, un nouveau label « bio cohérence » est né en France en 2009. Il fait doucement son chemin. Extrêmement exigeant, il ne tolère aucune contamination OGM, impose l'origine française ainsi que les règles du commerce équitable. Les animaux doivent être nourris avec une production locale, les troupeaux sont limités, etc.

Mais nous devons aller plus loin, le sol doit aussi être mieux considéré, c'est un milieu vivant à part entière. On ne peut plus n'être attentif qu'à la plante ou à l'animal et négliger tout ce qui se passe en dessous. Il faut revenir à la rotation des cultures mais aussi aux méthodes traditionnelles et aux engrais naturels.

Et si c'était justement l'agriculture bio qui allait nous permettre de nourrir le monde ? Dans le système « normal », on sélectionne des semences qui peuvent produire un maximum. Ces semences sont soutenues en permanence par des pesticides et des engrais chimiques. Elles deviennent très fragiles et les parasites en sont friands. On multiplie alors les traitements et c'est un véritable cercle vicieux. Dans le bio, on met en relation un écosystème (sol, eaux, haies), un agrosystème (c'est-à-dire plusieurs espèces végétales, des animaux) et de l'humain qui s'adapte et prend des décisions. Sur une même parcelle, on va donc faire pousser des cultures différentes et cela fonctionne très bien. Des légumineuses qui captent l'azote de l'air aux arbres qui vont chercher le potassium en profondeur pour le rendre en surface. On constate une entraide, une complémentarité évidente. Les rendements sont bien meilleurs, plus du double.

La question est donc de savoir si ce système peu commun peut s'adapter aux pays tropicaux où la pluie et la sécheresse viennent en général à bout des monocultures conventionnelles. La réponse est oui ! Avec le bio, on peut semer des espèces résistantes à la sécheresse et d'autres supportant aisément les fortes pluies. Au final, le rendement n'est pas parfait mais l'ensemble est rentable. Sans oublier que les arbres évitent l'érosion et l'appauvrissement des sols.

Le programme des Nations unies pour l'environnement évaluait en 2008 que le passage au bio en Afrique permettrait de doubler les rendements. L'université anglaise de l'Essex a réalisé en 2007 une synthèse sur 57 pays et 37 millions d'hectares. Le résultat est flagrant : les rendements sont 79 % plus élevés en bio dans les zones tropicales. A la lecture de ces chiffres sans équivoque, comment ne pas soutenir et accompagner les agriculteurs qui ne sont pas encore convaincus ? Une volonté politique est attendue sur ce point. Les procédures d'embauche doivent impérativement être simplifiées. Il est impensable qu'aujourd'hui acquérir une nouvelle machine paraisse plus abordable qu'engager du personnel.

Nous devons valoriser les systèmes de production de « haute qualité environnementale » économes en eau et en engrais. Et mobiliser tous les acteurs oubliés de la production alimentaire : les petits producteurs, leurs familles, les consommateurs, les associations citoyennes. La Banque mondiale affirme que la gouvernance agricole actuelle est en panne. Selon elle, les institutions mondiales créées au XXe siècle pour traiter des questions agricoles sont mal équipées pour faire face aux programmes actuels. Un nouveau système est donc attendu. Nous devons nous pencher sur les alternatives possibles. Nous y reviendrons dans les chapitres suivants, mais investir dans la recherche est indispensable. L'Institut national de la recherche agronomique (INRA) ne mobilise que 3 % de ses chercheurs sur ces questions. Et il va aussi falloir que le prix du produit final prenne en compte les coûts environnementaux (pollution des nappes d'eau, conséquences sur la santé, etc.). Ces questions annexes sont primordiales. Résoudre le problème de la faim et améliorer les systèmes de santé et d'éducation sont des problématiques de notre siècle. Imaginer que nous serons 9 milliards d'ici 2050 ne peut que nous inciter, de façon pressante, à trouver des solutions !

Selon l'ONU et plus particulièrement le Programme des nations unies pour le développement (PNUD), il suffirait de moins de 4 % de la richesse cumulée des 225 plus grosses fortunes mondiales (évaluées à plus de 1 000 milliards de dollars) pour offrir à toute la population du globe l'accès aux besoins de base et aux services élémentaires : santé, éducation, alimentation. Pour donner un autre ordre de grandeur, le budget militaire américain de la seule année 2004 a été de 480 milliards de dollars. En 2002 George Bush décide d'augmenter ce budget de près de 40 milliards de dollars, soit ce qu'il faut en termes financiers pour résoudre une des plus grandes questions de notre siècle. Que dire, si ce n'est que nous avons aujourd'hui les moyens d'agir ? Prise dans son ensemble, la remise en état des écosystèmes planétaires sur lesquels s'appuie l'économie (c'est-à-dire la reconstitution des forêts, la protection des sols, la restauration des pâturages et des pêcheries, la stabilisation des nappes phréatiques et la protection de la biodiversité) exigerait 110 milliards de dollars par an. Beaucoup vont se demander si une telle dépense peut être supportée par l'économie mondiale. Mais la seule vraie question est de savoir si au contraire nous pouvons nous permettre de ne pas effectuer ces investissements !

Ma navigation dans cette semi-obscurité dure depuis des mois. La pénombre me poursuit comme une malédiction.

Isolée volontaire dans cet univers sans couleur, je crains d'être oubliée, engloutie sans préavis. Le soleil n'est plus qu'un disque d'argent poli, voilé de vapeur d'eau. Les bruits sont sourds, étouffés. Le grincement des voiles de mon bateau est une plainte lancinante. Je rêve d'une éclaircie. Mon esprit divague.

L'ampleur de la question de l'alimentation est aussi immense que cet océan. Par où commencer ? Sans aucun doute, déjà, par la mise en valeur de tout ce qui a déjà été réalisé. Mieux gérer la pêche, oui, vous répondront les pêcheurs français qui sont les premiers conscients de l'urgence à agir et qui ont toujours demandé une réglementation des chaluts. En France 75 % de la pêche est artisanale. L'homme qui pêche est aussi le propriétaire de son bateau et plus des trois quarts des navires ont moins de douze mètres. Nous sommes loin du cliché des usines flottantes ! Je refuse que l'on considère ce milieu courageux comme des pilleurs. Sentinelles du Grand Bleu, les professionnels de la mer travaillent bien souvent avec les scientifiques pour assurer la survie des espèces. Ils sont aux premières loges pour observer, comptabiliser, analyser l'évolution des stocks et en rendre compte aux experts de l'IFREMER (Institut français de recherche pour l'exploitation de la mer). La « faute aux pêcheurs » est souvent un raccourci trop facile. Il ne faut pas oublier que le manque de poissons ne vient pas que de la pêche mais aussi de la pollution des eaux et des bassins versants due à l'industrie, aux produits contraceptifs, au PCB, etc. Après la Seconde Guerre mondiale, des bombes chimiques ont été immergées en mer du Nord : elles y sont toujours ! Dans la Tamise, les antibiotiques et les perturbateurs endocriniens font changer le sexe des merlans. En France, quinze ans d'efforts, du ramassage des déchets flottants à une attention particulière portée à la sélection des espèces, n'ont jamais été proposés en exemple. Dans notre pays, pour la pêche du thon rouge uniquement, dix-sept autorisations ont été délivrées et seuls neuf bateaux y vont. Les travaux d'amélioration de la sélectivité des chaluts depuis cinq ans ont été récompensés trop confidentiellement par l'ONG Seafood Choices Alliance. Et le consommateur dans tout ça ? Nous avons encore le choix de préférer tel ou tel poisson. A nous de faire évoluer la demande. N'attendons pas qu'une ressource soit épuisée pour en interdire la pêche. Les raisons d'espérer sont nombreuses. Lorsqu'on laisse les stocks se renouveler, les populations reviennent. Il ne s'agit donc en aucun cas de ne plus pêcher mais de s'interroger sur nos besoins et de respecter la ressource.

Aujourd'hui, nous sommes de plus en plus informés. Une prise de conscience collective est en marche. Si agir contre le changement climatique en réduisant nos émissions de CO_2 devient de plus en plus évident, nous pouvons aussi intervenir pour nos océans. Il n'est pas trop tard. Certains professionnels de la mer ont pris le problème à bras-le-corps et prouvent que d'autres voies sont possibles. En France, par exemple, les pêcheurs de langoustines du golfe de Gascogne font évoluer leur engin de pêche depuis plusieurs années. Ils ont inventé une fenêtre de maille de forme carrée sur le dos de leur chalut pour permettre aux plus petits poissons (notamment au merlu) de pouvoir s'échapper. Par ailleurs, depuis peu, ils ont mis au point un système ingénieux pour que les langoustines immatures puissent, elles aussi, décamper.

L'adage « trier sur le fond plutôt que sur le pont » est plus souvent de rigueur que certains ne le pensent. Ces innovations ont même été rendues obligatoires par la commission européenne pour toute la pêche à la langoustine en Europe. Pour la coquille Saint-Jacques, le dialogue a été restauré entre les artisans, les scientifiques et l'administration. Le résultat a été efficace. Le temps de pêche a été diminué. On est passé à seulement deux heures autorisées pendant trois jours par semaine et sous l'œil d'avions de surveillance. Le maillage des filets a augmenté de 85 à 95 millimètres. En dix ans les stocks de coquilles ont ainsi été reconstitués alors qu'ils étaient en régression depuis les années 1970.

Un autre aspect à développer est la valorisation du produit. Un bar pêché à la ligne vendu vingt-quatre heures après avoir été capturé sera forcément plus cher qu'un bar pêché au chalut à la piètre allure (de 20 à 30 euros le kilogramme contre 6 à 8 euros pour un poisson abîmé). Même écart important de prix pour le thon blanc pêché « proprement » à la palangre et celui pêché au pélagique arrivé à moitié écrasé sur les étals. Le travail des marins consciencieux doit être respecté par tous et, pour commencer, par la grande distribution. Le poisson doit être acheté à sa juste valeur.

En Alaska, les pêcheurs n'ont pas le droit d'aller à plus de 200 miles nautiques des côtes. La réglementation est très stricte. Toute nouvelle construction de bateau est interdite. On adapte la flotte à la ressource. Les contrôles sont nombreux et, afin d'éviter toute dérive, on donne des quotas inférieurs à la norme. Les pêcheurs ont par ailleurs, comme en France pour la coquille Saint-Jacques, un temps imparti pour exercer leurs talents. Mal nécessaire pour préserver la ressource et assurer la pérennité du métier. On a vu une forte mobilisation contre la pêche illégale en Guyane : les professionnels de la mer ont cessé leurs activités commerciales et bloqué l'accès aux consulats du Brésil et du Surinam. Ils demandaient un contrôle des eaux françaises de Guyane. Les moyens d'actions de l'Etat français dans les zones sous notre juridiction doivent impérativement être renforcés.

La création d'aires marines protégées semble par ailleurs indispensable pour enrayer l'effondrement des stocks. Les points névralgiques de la migration des grands poissons, comme le thon et l'espadon, doivent faire l'objet d'une attention particulière. On le sait, la mise en place d'un réseau mondial de réserves n'aurait pas pour seul enjeu la protection des pêcheries, mais conduirait aussi à une augmentation des prises océaniques dont la valeur annuelle s'élève à plus de 70 milliards de dollars. De nombreuses études démontrent qu'il est possible de préserver les mers et leurs ressources pour des sommes inférieures aux subventions actuellement accordées à des modes d'exploitation non durables. Il faut donc faire pression pour que cela change. Les grands Etats promettent mais rien ne se réalise : actuellement moins de 1 % de l'océan est protégé.

La révolution est en marche mais elle doit impérativement passer par des choix différents dans nos Caddie. Nous avons le pouvoir de pousser les industries à respecter les réglementations et produire durable. La première bonne question à se poser est : d'où vient notre poisson ? Les suivantes coulent de source : est-il menacé ? Comment a-t-il été élevé ? Il faut manger des poissons de saison. De la langoustine et du merlu au printemps par exemple. Préférer des petits poissons, sardines ou anchois. Déguster du maquereau ou du bar de ligne. Faire le choix d'espèces ayant été pêchées grâce à des méthodes plus sélectives. Lorsqu'il s'agit d'aquaculture, privilégier les élevages bio. Le label anglais « Marine Stewardship Council (MSC) » fait référence. Il permet de nous assurer que les pêcheurs ont ajusté leurs prises avec la capacité de renouvellement des stocks.

Et entre nous, lorsque je vois que des groupes comme McDonald's ou une des plus grandes marques américaines produisant du poisson pané ne proposent plus que des espèces labellisées, je me dis que tout est possible. Nous en savons assez pour agir !

Les mesures qu'il faudrait prendre rapidement

– Donner les moyens aux organismes régionaux de pêche, responsables d'une partie de la haute mer, de pouvoir assurer convenablement leur mission de contrôle.
– Développer et financer l'expérimentation à bord des navires de techniques de pêche sélectives et à impact limité sur l'environnement.
– Encourager les pêches alternatives, c'est-à-dire la réorientation des bateaux vers des systèmes de captures plus adaptés aux milieux fragilisés.
– Interdire l'accès à la pêche en eaux profondes (dont les stocks sont plus fragiles) à des bateaux supplémentaires. Ne pas accorder de nouvelles licences.

3

Le poumon de l'humanité

« Les forêts précèdent les peuples, les déserts les suivent. »
François René DE CHATEAUBRIAND

Le soleil tombe à la verticale, incendiant mon corps, ouvrier las que même la voile de mon navire n'abrite plus. L'océan est devenu une nappe brûlante, incandescente. Mon embarcation semble prête à fondre. Après la pluie, la brume, après l'assaut des flots et les rafales assassines, le ciel est maintenant décoloré tant il est lumineux. L'horizon danse comme un mirage sous mes yeux éblouis et fatigués. Aussi étonnant que cela puisse paraître par une latitude aussi sud, je suis en plein cœur d'un anticyclone. Pas un souffle. Mon bateau, entre ciel et mer, est épinglé comme un papillon sur une planche.

Le Grand Bleu n'a pourtant pas toujours été aussi paisible. Depuis l'Antiquité, il est ce domaine dangereux, plein de mystère, qui relie les hommes aux dieux tant sa surface paraît sans limites, infinie. Ce n'est qu'à la fin du XXe siècle que l'on s'intéresse à ce lien précieux et au rôle fondamental que jouent les océans sur le climat de la Terre. Il faut attendre les navigateurs portugais à partir du XVe siècle pour que se manifeste un intérêt pour la connaissance des océans. Alors qu'ils recherchaient de nouvelles routes pour l'Inde et la Chine, ils sont les premiers à relever la température de la mer et à sonder ses profondeurs. Ce sont nos pionniers en océanographie.

Trop longtemps, le grand large a été considéré comme un milieu inerte, un corps inutile sous une surface agitée. Le vent poussait les voiles des courageux bateaux, et voilà. On n'imaginait pas l'océan profond. Il y a pourtant tellement à dire, à écrire sur ce fascinant poumon de l'humanité. Fourmillement de vie, les océans sont aussi et avant tout le premier producteur d'oxygène et recycleur de dioxyde de carbone grâce à son plancton végétal. Nous respirons grâce à lui.

Paul Eluard, il y a plus de cinquante ans, écrivait : « La terre est bleue comme une orange. » Probablement une façon de nous rappeler que notre chère planète est petite et fragile. Les océans sont aujourd'hui encore un milieu aussi méconnu que primordial pour l'Homme. Nous sommes capables d'envoyer un robot sur Mars mais ces étendues d'eau, sur Terre, restent secrètes. Tout nous ramène pourtant à elles, jusqu'à la composition de nos corps. Nous sommes faits de 71 % d'eau, autant que la proportion de la mer sur notre globe. Nos larmes, nos cerveaux, nos veines, nos membranes, notre sang, nos cœurs contiennent la même proportion de sel que nos océans ! Ce n'est donc pas qu'une image d'écolo à cheveux longs : nous faisons bien partie de la Terre ! C'est ainsi que, petit à petit, grâce au travail des scientifiques, l'Homme va prendre conscience que les continents, l'atmosphère, le Grand Bleu forment un tout indissociable, un monde clos sans frontières, une perle rare à protéger si nous souhaitons survivre.

Le changement climatique qui touche notre planète est le marqueur d'un sérieux déséquilibre entre ces différents éléments. Les conséquences promettent malheureusement d'être bouleversantes pour l'humanité. Pour vous donner quelques chiffres, nous venons en termes d'émission de gaz à effet de serre de dépasser les 400 ppm (400 molécules de CO_2 pour un million de particules). Considérable, oui ! Surtout lorsque l'on sait, grâce à des carottages de glace en Antarctique à des profondeurs parfois de plus de trois kilomètres, que la teneur en dioxyde de carbone dans l'atmosphère n'a jamais été aussi haute depuis plus de huit cent mille ans.

L'effet de serre a été découvert au XIXe siècle. C'est Joseph Fourier qui le décrit pour la première fois en 1824. Phénomène naturel par lequel certains gaz atmosphériques absorbent une partie de l'énergie du rayonnement solaire qui est réfléchi par la Terre, il réchauffe notre planète. Grâce à lui la température moyenne de la Terre est compatible avec la vie. Le problème est qu'il y a, depuis la révolution industrielle, excès de gaz, accumulation d'énergie solaire et donc augmentation des températures moyennes.

C'est le GIEC (Groupe d'experts intergouvernemental sur l'évolution du climat) créé en 1988 par l'Organisation météorologique mondiale (OMM) et le Programme des nations unies pour l'environnement (PNUE), dont l'objet est d'apporter son diagnostic sur l'influence des activités humaines sur le climat, qui nous révèle en 2001, dans son troisième rapport, cette fameuse « Vérité qui dérange », fer de lance de l'ancien vice-président américain Al Gore. En treize ans et plusieurs milliers de pages, le GIEC est parvenu à dégager un accord parmi les chercheurs du monde entier sur la réalité de la menace climatique. Une démonstration en trois points.

Il est tout d'abord indéniable que la composition de l'atmosphère se modifie. Et que la cause en est l'activité humaine. La deuxième certitude est que le climat se réchauffe, de près de un degré depuis le début du XXe siècle, avec une estimation de deux à cinq degrés d'ici la fin du XXIe. Les cinquante dernières années ont été les plus chaudes depuis au moins mille ans. Or, selon l'Organisation des nations unies, un simple degré d'élévation des températures coûterait quelque deux mille milliards de dollars à la communauté internationale. Des chiffres qui nous ramènent brutalement au lien entre Economie et Ecologie. La troisième certitude énoncée est que si nous continuons à émettre autant de gaz à effet de serre, nous allons de façon inéluctable vers un réchauffement moyen de plusieurs degrés et donc au-devant de gros problèmes. Les effets ravageurs seront immédiats.

Alors, les climato-sceptiques ont beau alimenter la rumeur inverse, le consensus au sein de la communauté scientifique internationale existe bel et bien. Entre la dernière période glaciaire il y a vingt mille ans (l'Europe, les Etats-Unis et le Canada se trouvaient sous la glace, alors) et notre période interglaciaire actuelle, la variation moyenne de température est de cinq à six degrés seulement. De deux à cinq degrés, c'est donc, même si certains veulent encore se cantonner au doute, non négligeable ! Permettez-moi d'ailleurs de m'étonner que, lorsque 98 % des spécialistes donnent une même version des choses et que 2 % expriment le contraire, il est donné, comme si elles avaient la même crédibilité, le même temps de parole aux deux.

Bref, malheureusement, où que l'on aille, la neige fond sur les sommets des grandes chaînes montagneuses. En 2050, de nombreux glaciers devraient avoir perdu plus de 60 % de leur volume alors que plus d'un sixième de la population mondiale vit dans des vallées et compte essentiellement sur la neige pour l'irrigation de leurs champs, les sanitaires et l'eau potable. Les masses de neige et de glace stockées dans les montagnes sont en effet d'indispensables réservoirs naturels d'eau douce qui alimenteront ensuite les rivières pendant toute la saison sèche. Quant à la banquise, elle fond à un rythme toujours plus rapide et entraîne un phénomène en chaîne. Sa surface blanche diminuant, elle réfléchit moins de rayons du soleil. Par conséquent, une quantité énorme de chaleur supplémentaire est maintenant absorbée par la surface sombre de l'océan Arctique et ainsi de suite !

L'astre poursuit son ascension, imperturbable. Il fait plus de 40 degrés sous cette latitude. La mer respire lentement. Blottie dans un coin brûlant du cockpit, je me sens tels ces capelans, fameux petits poissons qu'on laisse cuire au soleil sur des grilles à Saint-Pierre-et-Miquelon. L'ambiance en devient presque inquiétante. Posée telle une poussière sur une table de verre, j'attends le souffle qui nous fera reprendre notre route.

Dire qu'il y a vingt mille ans environ le niveau moyen des océans se situait cent mètres plus bas qu'aujourd'hui ! De nombreux fonds se trouvèrent à sec et des bras de mer peu profonds, comme le détroit de Behring ou le golfe de Carpentarie, étaient alors des isthmes. Ce sont ces passages qui ont ouvert la voie à de nombreuses ethnies, comme les aborigènes d'Australie ou les Indiens d'Amérique. Le niveau des mers est ensuite, siècle après siècle, remonté, et monte encore et encore.

La hauteur des océans a évolué au cours des périodes géologiques mais son évolution rapide est aujourd'hui inéluctable. En un siècle, le Grand Bleu s'est élevé de vingt centimètres et pourrait monter jusqu'à plus de soixante-dix. Dans nos régions, cela va affecter notamment en priorité le delta du Nil ou du Rhône. Un tiers du delta du Nil pourrait être sous l'eau d'ici la fin du siècle. Les conséquences seront sans appel : l'un des plus dramatiques impacts de ce changement climatique sera la migration massive de population. D'ici quelques décennies, près de dix millions d'hommes et de femmes du Bangladesh fuiront leur foyer à la recherche de nouvelles terres pour survivre à la montée des eaux. Les zones littorales du monde entier vont être dégradées. L'Inde, l'Indonésie, le Mozambique, la Thaïlande, les Maldives, le Vanuatu seront dévastés. Les Pays-Bas ont su construire des digues très onéreuses pour combattre la montée de la mer du Nord. Les pays pauvres n'en ont pas les moyens et seront réduits à l'impuissance.

Et nous qui disposons des ressources nécessaires pour nous protéger, le faisons-nous ? Il faut pourtant agir, maintenant ! De la salinisation des nappes phréatiques dans les régions côtières à la disparition de marais côtiers ou la migration des poissons qui quittent les eaux tropicales devenues trop chaudes pour rejoindre le nord, les conséquences dues au changement climatique sont nombreuses. Au cours des quarante dernières années, le plancton de l'Atlantique Nord a migré de dix degrés de latitude en direction du pôle. S'ajoute à cela l'acidification des océans suite à l'absorption du monoxyde de carbone qui impacte la capacité des coraux, escargots de mer et autres espèces à sécréter leur coquille ou squelette. Mais c'est surtout la vitesse de ces bouleversements qui est inquiétante. Les écosystèmes ne parviennent pas à s'adapter. Depuis quatre cent cinquante millions d'années, la Terre a connu cinq grandes phases d'extinction massive de sa biodiversité. Chaque fois, selon les experts, il a fallu plus de dix millions d'années pour retrouver la richesse perdue en espèces.

L'étude de l'association américaine PEW pour le changement climatique révèle notamment que le renard roux se déplace lui aussi vers le nord où il empiète maintenant sur le territoire du renard polaire. Aussi étonnant que cela puisse paraître, les Inuits ont vu dernièrement apparaître sur leur territoire des rouges-gorges ! Des oiseaux qu'ils n'avaient jamais vus auparavant et pour lesquels ils ont dû trouver un nom. Aux Etats-Unis, les hirondelles arrivent maintenant près de deux semaines plus tôt qu'il y a quarante ans. La liste est longue. Les effets de la température sur la pollinisation du riz sont eux aussi préoccupants. Des études menées aux Philippines démontrent qu'elle est réussie à 100 % lorsque la température est de 34 °C alors qu'elle est quasi nulle si on dépasse les 40 °C. Des chiffres qui laissent sans voix. Vous vous souvenez de la canicule de 2003 ? Cette vague de chaleur a été dévastatrice pour l'agriculture, notamment en Inde et aux Etats-Unis. On a noté cette année-là une chute de la production céréalière de plus de 6 % en Europe et de près de 10 % aux Etats-Unis. Et que dire sur la multiplication des tempêtes violentes et autres inondations ? A la fin octobre 2012, le cyclone Sandy faisait de très lourds dégâts sur Haïti et le nord-est de l'Amérique. Le constat est douloureux, sans appel.

Difficile de proclamer que ces catastrophes sont totalement liées au changement de climat. Néanmoins, on peut dire sans se tromper que les conséquences de ces ouragans sont sans conteste amplifiées par l'élévation du niveau des océans. Une tempête, on le sait, aura un impact plus destructeur sur les côtes si la mer est plus haute. Et on sait qu'une atmosphère réchauffée d'un degré contient environ 7 % d'humidité en plus. Ce qui change radicalement la structure des précipitations. Leur intensité s'accroît mais leur durée et leur fréquence diminuent. Les inondations sont plus nombreuses et les sécheresses plus longues. Le nombre de tempêtes de catégorie 4 et 5 a doublé depuis les années 1970.

C'est en effet la chaleur de la couche supérieure de la mer qui constitue le facteur déterminant de la vitesse des vents des ouragans.

Le changement est lent, insidieux, inadapté à notre habitude du court terme. Vous connaissez l'histoire de la grenouille ? Si on la plonge dans l'eau brûlante, elle va aussitôt bondir. Si, au contraire, vous la mettez dans de l'eau froide et laissez l'eau chauffer tout doucement, elle ne réagira pas ! L'important, pour se rendre compte de l'urgence, est d'abord de prendre conscience que le ciel, tout comme la Terre, n'est pas sans limites. Les photos prises depuis l'espace montrent bien que l'atmosphère est une très fine pellicule. Le volume d'air à notre disposition est très faible en comparaison avec le volume de la Terre. Chaque jour pourtant nous en modifions sa composition.

Tout communique. Au pôle Nord, loin de nos mégalopoles, de nos usines et de nos embouteillages, la pollution venue de l'Europe du Nord sous le nom de « brume arctique » atteint pendant une grande partie de l'année des taux aussi élevés que dans bon nombre de nos villes industrialisées. Même constat en Antarctique. Lors de ma dernière expédition là-bas avec des jeunes sourds de l'INJS (Institut national des jeunes sourds de Paris) dans le cadre d'un des programmes pédagogiques menés par ma Fondation, nous avons retrouvé sur la banquise des bouts de plastique et même un vieux paquet de M&M's vide !

L'air que nous respirons est le même depuis des milliards d'années, nos poumons inhalent depuis toujours de l'oxygène et rejettent du gaz carbonique. Et depuis le début de l'ère industrielle, nos civilisations ont inventé des machines qui reproduisent les mêmes mécanismes que ceux de la respiration humaine. Partout, avec le fuel, le gaz, le charbon, nous transformons l'oxygène en CO_2. Le souffle de nos sociétés est pénétré de gaz carbonique. De plus en plus chargé en particules nocives, l'air en devient par endroits toxique pour l'Homme. La Commission européenne, dans un rapport de 2005 publié dans le programme CAFE (programme « Air pur pour l'Europe »), avance le chiffre de quarante-deux mille morts en France en raison de la mauvaise qualité de l'air.

Je sais que tout cela est alarmant. Je m'attache néanmoins, chaque jour, à trouver des solutions plutôt qu'à dépeindre les dysfonctionnements, mais je suis également persuadée que pour « agir » il faut tout d'abord « comprendre ». Ces problèmes sont bien de notre responsabilité de terrien de passage. Nous ne pouvons pas vivre en bonne santé sur une planète malade. La Terre possède deux poumons, ses forêts et ses océans, et aujourd'hui ils sont tous les deux fragilisés. La machine météorologique a pourtant toujours fonctionné comme une machine bien huilée. Les vents, les courants, l'évaporation, la pluie : notre système climatique transporte depuis des milliards d'années avec brio la chaleur de l'équateur aux pôles et rapporte du froid venu des pôles à l'équateur. Le Gulf Stream apporte douceur à la Bretagne et au nord de l'Europe. Il est l'emblème du lien indissociable entre le climat et l'océan. Dans les régions tropicales, les océans encore jouent un rôle primordial dans l'absorption du dioxyde de carbone que nous rejetons en masse. La production de phytoplancton abondante dans ces régions du globe permet cette réabsorption. La mer est stupéfiante. Elle est à la fois palpable et fuyante. Elle monte et descend, obéissante, aliénée à l'attraction de la Lune. Nous avons tant à apprendre d'elle. Selon les scientifiques, l'océan reçoit du Soleil une quantité d'énergie égale à mille fois nos besoins mondiaux. Un trésor de ressources se cache encore dans cet or bleu. Nous devons nous donner les moyens d'aller explorer, puis exploiter durablement ses richesses.

Mon voilier tout à coup respire plus fort. Une rafale rafraîchissante l'appuie sur son bâbord. Les poches d'eau qui se sont formées dans les plis de la grand-voile se balancent. L'eau suinte à travers le tissu poreux et s'écoule comme des larmes. Le cœur de l'océan se remet à battre. Je murmure des mots doux à mon bateau pour l'encourager. Les écoutes se tendent. Je relève la tête.

Le second poumon de la planète tousse. La forteresse verte d'Amazonie grande comme sept fois la

France s'effondre pour laisser la place à d'immenses étendues griffées par les sillons de culture de soja. On estime que 40 % de ces forêts pourraient avoir disparu d'ici vingt ans. L'Amazonie fournit pourtant aux hommes des bienfaits d'une valeur inestimable. Au-delà de l'oxygène, nombreux sont les médicaments qui viennent de ces étendues vertes. Le venin du serpent jaracara, que l'on ne trouve que là-bas, sert à fabriquer le produit le plus fréquemment utilisé pour lutter contre l'hypertension. Ces espaces sont très convoités. Pour les Etats et les entreprises, ils représentent avant tout une source de profit. Minerais, métaux précieux ou encore essences de bois.

De leur côté, les peuples indigènes y entretiennent une relation étroite et spirituelle avec la nature. Pour eux, ce territoire a une valeur sacrée qui va bien au-delà de son aspect productif ou économique. Leurs croyances, coutumes, traditions et connaissances s'y sont développées. Après le passage des bulldozers et des tronçonneuses, que reste-t-il à ces peuples d'Amérique du Sud ou d'Afrique ? Nous n'en savons rien, nous n'y retournons jamais !

C'est pourtant tout le système naturel et de la distribution mondiale de l'eau qui est en danger. Saviez-vous qu'il y a plus d'eau stockée dans les forêts tropicales que dans les lacs ? Les forêts transpirent et produisent des nuages chargés de pluie. Moins il y a de forêts, moins il y a de précipitations.

En Ethiopie, au cours des quatre dernières décennies, la part des superficies forestières est passée de 40 % à seulement 1 %. Simultanément, le volume des pluies a inévitablement diminué. C'est aussi ce qui menace l'Amérique du Sud. A travers le monde, près de treize millions d'hectares de forêts disparaissent chaque année, l'équivalent de trente-six terrains de football par minute ! La disparition des arbres inquiète énormément les scientifiques. Lorsque les humains pourront migrer, les arbres n'auront pas cette chance. Ils n'auront pas le temps de s'adapter. Les arbres sont pourtant fondamentaux pour l'Homme, quel que soit l'endroit où il vit. Actuellement, 25 % des surfaces terrestres émergées de la planète sont boisées, elles abritent une très grande partie des espèces vivantes. Une perte rapide et massive de ces forêts serait fatale pour une part immense de la vie animale.

Les forêts rendent une panoplie surprenante de services aux hommes. Elles absorbent le dioxyde de carbone, font un travail fondamental pour la régulation de l'eau. A elles seules, elles génèrent une valeur annuelle nette de trois mille sept cents milliards de dollars pour l'ensemble du globe. A l'opposé, la destruction des grandes forêts engendre des coûts immenses. L'étude lancée par le G8 et parrainée par l'Organisation des nations unies cite le cas de la Chine. La valeur des services rendus par les écosystèmes forestiers perdus, du fait de la déforestation entre les années 1950 et 1998, est estimée à douze milliards par an. De façon générale, un hectare de forêt représenterait une valorisation de près de quarante mille euros pour un investissement de départ entre quatre et cinq mille euros. Il va donc sans dire qu'intégrer les services rendus par la nature est indispensable lorsque l'on estime par exemple la valeur d'un terrain à bâtir. Saurons-nous l'entendre et le prendre en compte ? Quelles leçons retenir du passé ?

Certaines sociétés ont su s'adapter à leur environnement. Il y a six cents ans, les Islandais ont réalisé que la surexploitation de leurs herbages d'altitude conduisait à un appauvrissement des sols. Alors, plutôt que d'attendre les bras croisés le déclin, les fermiers conscients des conséquences néfastes du surpâturage ont décidé d'agir. Ils se sont mis d'accord pour limiter la taille des troupeaux de moutons. Il fallait garantir la pérennité des élevages tout en s'assurant que la terre ne se dégrade pas. Résultat : l'économie et la production en laine continuent aujourd'hui encore de prospérer !

Et nous ? L'information, nous l'avons. Il faut donc anticiper et ajuster les mesures aux différents territoires. La pauvreté, l'instabilité politique, la croissance démographique, l'urbanisation rapide sont parmi les éléments qui déterminent la vulnérabilité d'une zone. Pour que les pays en développement puissent s'adapter aux changements climatiques, la plupart des estimations, dont celle du Programme des nations unies pour le développement, situent entre cinquante et cent milliards de dollars par an le montant des fonds dont ils auront besoin. C'est ainsi que nous devons mener une réflexion à la fois sur nos activités économiques et sur notre dépendance à l'environnement.

Le changement climatique se manifeste par des périodes de crises, des « poussées » climatiques dont nous pouvons diminuer les impacts néfastes. Contrairement à La Nouvelle-Orléans, certains pays du nord de l'Europe se sont préparés à des inondations sévères et subites en développant un plan de prévention sur quarante ans avec des hypothèses de niveaux élevés. En France, nous n'avons pas totalement été à la hauteur lorsque la tempête Xynthia est venue frapper nos côtes mais des efforts sont faits pour faire face à cette hausse inéluctable du niveau des océans.

Parmi les nombreuses mesures envisagées, il va notamment falloir assurer une meilleure gestion de la ressource en eau. Dans certaines régions, l'offre peut diminuer et il sera donc nécessaire d'optimiser son utilisation en réduisant par exemple les besoins des cultures. Pour ce qui est de la gestion des forêts, très sensibles au changement climatique, nous aurons à prendre conscience que les ressources génétiques forestières constituent le potentiel de la forêt de demain. Il faut soutenir les efforts faits pour assurer la conservation de ces ressources et surtout sélectionner de nouvelles variétés forestières mieux adaptées aux conditions climatiques futures. Dans nos pays industrialisés, nous pourrions en outre commencer par réduire la quantité de bois nécessaire à la fabrication du papier. Lorsqu'en Italie on recycle 30 %, en Allemagne, on est à plus de 70 %. Si nous étions tous aussi efficaces que nos amis allemands, la quantité de pâte à papier diminuerait d'un tiers au niveau mondial. A nous de moins gaspiller ! Utiliser moins de bois comme combustible dans les pays en voie de développement est aussi une solution. De très nombreuses initiatives, comme celles du programme « Action Carbone » de la Fondation Goodplanet, ont été mises en place. En Inde, 755 familles rurales ont ainsi été équipées de bio-digesteurs et d'unités de vermi-compost afin de satisfaire leurs besoins énergétiques grâce à la méthanisation des résidus d'animaux et à la production de compost pour l'agriculture. Il existe aussi des labels très sérieux qui proposent du bois issu de forêts gérées durablement : FSC (Forest Stewardship Council) protège aujourd'hui près de cinquante-sept millions d'hectares de forêts, répartis dans soixante-cinq pays. En Turquie, le déboisement était aussi un problème avant qu'un mouvement environnemental (TEMA) se lance en 1998 dans une grande campagne de restauration de la couverture forestière. L'Organisation des nations unies pour l'alimentation et l'agriculture travaille quant à elle aux côtés des exploitants individuels pour que soient plantés des arbres chaque fois que possible. Ces plantations servent à éviter l'érosion des sols et à fixer l'azote, ce qui permet un moindre recours aux engrais.

Un sondage européen réalisé par Eurobaromètre fin 2011 a montré que les Européens et les Français en particulier se sentaient très concernés par le changement climatique. Plus de la moitié des sondés estiment que cela représente l'un des problèmes mondiaux les plus graves. Si nous voulons une révolution des mœurs, il est indispensable d'informer, de sensibiliser, de former... mais aussi d'innover ! Selon l'économiste américain Jeremy Rifkin, pour lutter contre cette augmentation des émissions de CO_2, il va falloir passer à ce qu'il appelle « la troisième révolution industrielle ». L'espoir de Rifkin est de voir des centaines de millions d'êtres humains produire leur propre énergie verte dans leurs maisons, bureaux, usines et la partager ensuite entre eux par des réseaux intelligents d'électricité. L'énergie serait distribuée comme le sont aujourd'hui des millions d'informations sur Internet.

D'ici 2020, l'Union européenne est en effet censée tirer des énergies vertes un tiers de son électricité. Il est donc urgent de rendre notre réseau électrique plus intelligent. Nous sommes à la veille d'une nouvelle convergence des communications et des régimes énergétiques. Nous devons inventer un système pour que puissent être gérées les énergies renouvelables intermittentes que des dizaines de milliers de producteurs locaux vont lui envoyer. Parallèlement, il est nécessaire de concevoir de nouvelles techniques de stockage pour éviter les pertes. L'objectif de l'Union européenne est donc double : se transformer en une zone durable à faible émission carbonique et faire de son économie la plus dynamique du monde.

Des changements majeurs en termes d'énergie ont déjà eu lieu à travers les siècles. Souvenons-nous du passage, en un demi-siècle, du combustible à base de bois aux technologies à vapeur. *Idem* pour le passage des technologies du charbon avec les locomotives à vapeur à l'économie du pétrole et enfin à l'électricité, à l'automobile. Nous pouvons avoir confiance. La transition peut se faire. On le sait maintenant : les océans sont une source inestimable de ressources. Or nous serons bientôt neuf milliards d'êtres humains sur terre et la mer recèle un potentiel immense. L'océan est fragile, oui il faut y faire attention, mais pouvons-nous nous priver de son potentiel incroyable en énergie, en pharmacologie, en alimentation ? Je pense qu'il y a d'autres moyens d'exploiter que le pillage.

Ma volonté est de pousser le monde industriel à évoluer. Il n'est pas question de revenir en arrière mais au contraire d'apprendre de nos erreurs afin que l'exploitation ne se fasse plus sans penser au lendemain. Oui, il faut lutter contre le changement climatique, préserver notre environnement, non pas seulement parce qu'il est agréable à regarder mais surtout pour assurer la pérennité de notre espèce. Des idées, partout, émergent et avec la mondialisation de la connaissance grâce à Internet, leur concrétisation n'a jamais été aussi rapide.

L'homme a déjà fait face à de grands défis qu'il a relevés avec succès dans le passé. Nous avons mis en place des démocraties, libéré les esclaves, donné le droit de vote aux femmes, élu un président noir aux Etats-Unis, vaincu l'apartheid, soigné la polio, éradiqué la variole, nous avons marché sur la Lune et sommes capables d'envoyer des robots sur Mars... Alors réduire nos émissions de CO_2 et lutter contre le changement climatique est à notre portée. L'important n'est pas ce que nous avons perdu mais ce qu'il nous reste. Nous avons le pouvoir !

Les mesures qu'il faudrait prendre rapidement

— Le plancton végétal est capable d'absorber nos émissions de dioxyde de carbone. Chaque cellule peut se reproduire plus de huit fois par jour. Des bioréacteurs pouvant fabriquer du phytoplancton et donc transformer le CO_2 en carbone minéral sont à l'essai.

— Il nous faut apporter des solutions clef en main aux populations pauvres qui ont moins de moyens que nous et qui seront les plus vulnérables face au changement climatique.

— Nous devons mettre en place de nouveaux accords internationaux fixant des cadres environnementaux clairs avec des incitations mais aussi des sanctions, tout en tenant compte des capacités moindres des pays en voie de développement.

4

Pour une transition énergétique

> « Mets-toi en mouvement et tu comprendras pourquoi celui qui ne prend pas la mer ne connaîtra jamais la vérité. »
>
> Erik ORSENNA

Je suis au sud-est de l'Amérique du Sud. Le cap Horn est à quelques encablures. La météo est malheureusement celle que je craignais. La mer est courte, hargneuse. Le ciel est anthracite. Je sens que je vais passer un sale quart d'heure. Façon de parler, car je vois bien, en étudiant les fichiers météo, que cela va durer plusieurs jours. Je me prépare au combat. Mon voilier sera ma forteresse, ma veste de quart ma fragile armure. La proue du bateau bondit hors des vagues pour reprendre haleine puis replonge courageusement. Ce sont, sans discontinuer, coups de boutoir et bruits sourds qui me font trembler des pieds à la tête. Un fracas bouleversant, un vacarme à rendre sourd. Mon crâne semble prêt à exploser, le battement de mes tempes s'emballe.

Tout mon corps est tendu, arqué, prêt à bondir sur l'écoute de grand-voile à la prochaine rafale. La coque de mon voilier craque comme un arbre que l'on s'apprête à décapiter. Les vagues sont devenues des mâchoires qui nous attaquent sans relâche. Le diable s'est emparé de mon univers et joue avec moi comme avec un pantin.

Le souvenir de ces moments en solitaire dans ces quarantièmes rugissants m'amène à me dire que l'homme a des capacités de résistance, une énergie, des ressources inestimables, méconnues. Et c'est tant mieux, car le défi est de taille : la transition énergétique est dans toutes les bouches, c'est le challenge majeur à relever aujourd'hui sur l'ensemble du globe. Nos besoins ont été multipliés par plus de 2,5 entre les années 1970 et 2010. En deux siècles, nous avons consommé la majeure partie de tout le pétrole que la nature a mis des millions d'années à fabriquer. Ce que la Nature produit en une année, nous le consommons en huit secondes. Selon l'Agence internationale de l'énergie, la consommation à travers le monde est pour plus de 70 % d'origine fossile, donc non renouvelable : en tête, 30 % proviendraient du pétrole, 25 % du charbon et 19 % du gaz. Le renouvelable ne représenterait que 1 à 2 % de l'énergie consommée. On a donc une grande marge d'amélioration ! Notre demande en énergie est très inégalement répartie à travers le globe. Un Américain du Nord consomme près de 10 tep (tonne équivalent pétrole) par an, un

Européen environ 4, un Chinois 1,5 et un Africain moins de 0,5.

Nos besoins augmentent avec le développement de nos civilisations. Pour preuve, entre 1997 et 2012, la consommation de pétrole est passée de soixante-douze à quatre-vingt-dix millions de barils par jour. Et ça ne s'arrête pas là ! Les prévisions pour 2050 flambent. L'Agence de l'énergie estime que nous aurons besoin, d'autant plus si les pays en voie de développement multiplient leur consommation, de près de 30 gtep (gigatonne équivalent pétrole) par an. Presque trois fois plus que dans les années 2000. Les géants asiatiques, du fait de la révolution agricole et de la nécessité de nourrir une population de plus en plus nombreuse, sont des consommateurs de pétrole toujours plus gourmands. L'Inde et la Chine, dont les populations augmentent de plus de vingt-cinq millions d'habitants par an, prévoient d'augmenter de 40 % leur consommation dans les dix années à venir. Comment allons-nous satisfaire cette demande, si ce n'est en inventant ou en développant de nouveaux modes de production en énergie ? En 2012, notre dépendance aux importations d'énergies fossiles atteignait un seuil jamais égalé. Selon le ministère de l'Energie, la facture énergétique française s'élevait à plus de soixante-huit milliards d'euros. Et la dépréciation de l'euro par rapport au dollar fait encore augmenter la note !

L'or noir a défini notre civilisation du XXe siècle. Provenant de la décomposition de matières organiques pendant des millions d'années au fur et à mesure de leur enfouissement dans la croûte terrestre, il s'est imposé partout : dans notre économie, notre agriculture, notre consommation quotidienne, nos transports... Il est devenu essentiel à la vie des populations. La taille de nos villes s'est accrue grâce à lui, l'urbanisation qui jusqu'alors était un processus long et pénible s'est simplifié. Des milliers de personnes travaillent à fabriquer des voitures, des avions, des plastiques qui n'existent que grâce au pétrole. Nous nous nourrissons chaque jour de fruits et de légumes qui sont venus jusqu'à nous en camion et qui pour beaucoup ont poussé avec l'aide d'engrais issus de la pétrochimie. De la culture aux récoltes, en passant par le labour, les semis, l'irrigation, tout passe par le pétrole. Dans les champs, l'humain a été remplacé par des machines. Notre dépendance aux énergies fossiles est donc croissante et le prix de l'alimentation se retrouve indexé sur celui du pétrole. Cette augmentation des prix devrait nous pousser à préférer des produits cultivés localement et de saison. Nos logements sont pour beaucoup chauffés au fioul et nos voitures roulent à l'essence. C'est ainsi que la montée du prix du baril de pétrole va tout à la fois marquer la fin d'une ère mais aussi, je l'espère, faire naître des ressources en énergies non polluantes. Le monde va devoir faire le choix de nouvelles méthodes et ainsi lutter contre les émissions de gaz à effet de serre.

Mais où en sommes-nous réellement des fameuses réserves ? Le pic dont nous parlent tant les médias est-il atteint ? La production mondiale plafonne-t-elle ? Il est indéniable que les découvertes de nouveaux gisements sont de plus en plus rares. Selon l'IFP Energies Nouvelle, depuis les années 1980, nous consommons plus de pétrole que nous en trouvons. La question n'est donc plus tant la taille du réservoir mais bien celle du robinet ! Le volume des réserves reste néanmoins un sujet extrêmement sensible pour les pays producteurs. Les manipulations de chiffres sont courantes et d'autant plus faciles que la plupart des réserves sont détenues par des compagnies nationales. Il ne faut pas oublier que la capacité d'emprunt des pays pétroliers dépend du volume de pétrole restant dans leur sous-sol. Les réserves déclarées de l'Arabie Saoudite sont ainsi passées de cent soixante-dix à deux cent cinquante-huit milliards de barils en un an (entre 1989 et 1990).

En 2010, dans son rapport « World Energy Outlook », l'Agence internationale de l'énergie (AIE) situait le pic pétrolier en 2006. De son côté, le Department of Energy (DoE, ministère américain de l'Energie) prévoyait en 2004 que le pic surviendrait entre 2026 et 2047. En 2009, cette fourchette a été ramenée entre 2011 et 2015. Difficile donc de savoir réellement. Ce qui est certain, c'est qu'au vu de la croissance de plus en plus rapide de la demande, le prix va continuer de grimper et devenir quasi inaccessible pour bon nombre de pays. Le voyant de la jauge de notre réservoir de carburant mondial est au rouge. Il est temps de réagir !

Dans nos sociétés urbanisées, l'augmentation de l'activité industrielle et la démographie nous contraignent à trouver des énergies de substitution. Nous devons mettre en œuvre l'adaptation au risque de nous retrouver très vite à la traîne. Le défi consiste donc à aller vers une « sobriété énergétique », d'anticiper le déclin de ce combustible avant de devoir douloureusement le subir. Les pays en voie de développement auront encore plus de difficultés que nous, l'explosion de leur démographie allant de pair avec cette diminution des ressources en carburants.

La France est riche en ressources énergétiques renouvelables. Avec la première forêt d'Europe occidentale et un fort potentiel hydraulique, éolien et géothermique, elle est en 2011, selon le ministère du Développement durable et de l'Energie, le deuxième producteur et consommateur d'énergies renouvelables en Europe, derrière l'Allemagne. En 2011, la production primaire d'énergies renouvelables (électriques et thermiques) représentait 14 % de la production énergétique nationale. Toutes ces énergies alternatives sont indispensables. Pourtant, elles ne peuvent malheureusement pas, d'après nos connaissances actuelles, être autres que « complémentaires ». Si on parle par exemple des éoliennes, au vu des dernières techniques, et selon David J. C. MacKay, professeur de physique britannique et membre du Comité à l'énergie et au changement climatique du gouvernement anglais, il faudrait recouvrir plus d'un quart de notre territoire pour répondre à nos besoins. Nous devons par ailleurs travailler plus sur les techniques de stockage. Il est en effet actuellement très difficile de conserver l'électricité produite. Le seul moyen consiste à emmagasiner l'énergie sous forme de batteries, or ces dernières sont limitées en quantité. Il reste du travail !

Au vu de ce constat, il faut se rendre à l'évidence : la solution du nucléaire n'est pas à rejeter. Cette technique est en effet, à l'heure actuelle, la plus économique (en moyenne 50 euros/mégawatt/heure contre 180 euros/mégawatt/heure pour des éoliennes offshore) et celle dont les risques peuvent être contrôlés. Grâce à son parc de cinquante-huit réacteurs nucléaires, la France assure 78 % de sa production d'électricité, ce qui lui permet d'atteindre un taux d'indépendance énergétique de plus de 50 %. Cette technologie permet d'éviter chaque année l'émission de 700 millions de tonnes de CO_2 (émissions égales à celles que produiraient 200 millions de voitures) en Europe de l'Ouest, dont 360 millions en France. C'est non négligeable ! Et même si n'avoir recours qu'à des énergies 100 % renouvelables serait l'idéal, selon les experts du Commissariat à l'énergie atomique (CEA), on ne parviendra pas, en l'état actuel de la recherche sur ces énergies propres, à descendre en dessous de 35 % de nucléaire. La France a la chance de maîtriser cette technologie et se doit par ailleurs d'épargner les énergies fossiles au profit des pays en voie de développement qui n'ont pas les moyens de faire autrement.

L'idéal serait de parvenir à développer la « fusion ». Le CEA travaille sur un programme international de recherche en vue d'élaborer un prototype expérimental de réacteur à fusion nucléaire. Ce serait une nouvelle source d'énergie très intéressante pour diverses raisons. D'une part, il n'y aurait pas de problèmes de réserves (elle consomme du deutérium et du lithium servant à produire le tritium et ces éléments abondent dans la nature). D'autre part, la réaction de fusion ne produit pas de déchets radioactifs de longue durée et n'induit pas d'effet de serre. Enfin, un réacteur de fusion est intrinsèquement sûr (disparition immédiate du plasma en cas de dysfonctionnement). Malheureusement, tout cela en est encore au stade de la recherche. Des défis technologiques majeurs doivent être relevés avant que nous puissions envisager de produire l'électricité de cette manière. Les chercheurs espèrent y parvenir d'ici 2100 peut-être.

En attendant, je partage l'opinion de nombreux spécialistes selon lesquels nous devons conserver le nucléaire et ce tant que nous n'avons pas de solution plus rentable. Nous avons besoin d'une source en énergie qui n'amplifie pas le changement climatique et qui nous permette de ne plus être dépendants du pétrole. La catastrophe de Fukushima a été traumatisante pour le monde entier. Néanmoins, il ne faut pas oublier que les installations construites quarante ans plus tôt ont résisté à un tremblement de terre d'une force exceptionnelle de niveau neuf sur l'échelle de Richter. Les systèmes de refroidissement de secours se sont bien mis en marche pendant près de quarante-cinq minutes. Les centrales se sont donc arrêtées correctement. Les Japonais ont eu alors une douzaine d'heures après la panne des systèmes de secours pour trouver des générateurs électriques et les acheminer par bateau. Aucune installation nucléaire n'est à l'abri d'un événement d'une telle puissance. Et, à la différence de l'exploitation d'autres sources d'énergie, les accidents sont rares. Le plus dangereux n'est pas forcément celui auquel on pense : en Suisse, le Paul Scherrer Institut indique que pour 100 gigawatts d'énergie produits par an, l'exploitation du charbon tuerait aujourd'hui douze personnes, le pétrole neuf, le gaz naturel sept et le nucléaire moins d'une victime.

Vient ensuite la question délicate et polémique du fameux « gaz de schiste ». Nos géologues savent en effet que nous avons des « schistes », c'est-à-dire des roches sédimentaires profondes où il est possible que du gaz ait été formé par transformation d'anciens restes organiques. Mais sans forage d'exploration (non encore effectué en France), personne ne connaît la quantité de gaz extractible dans des conditions techniques et économiques raisonnables. A titre indicatif, avec le pétrole, seul un puits d'exploration sur six, en moyenne, permet de trouver quelque chose d'intéressant.

La première des questions aujourd'hui serait donc de savoir si oui ou non la France possède ce gaz dans son sous-sol. Ensuite, l'exploitation risque d'être compliquée car il va falloir de très nombreux puits et un réseau de gazoducs très dense. Aux Etats-Unis, cela a été possible. Pourquoi ? Parce que depuis cent cinquante ans, et c'est le seul pays au monde dans ce cas, chaque propriétaire d'une parcelle peut exploiter du pétrole ou du gaz chez lui sans autorisation de l'Etat. Cette particularité a permis notamment l'installation d'un réseau de gazoducs très étendu. Aujourd'hui, le gaz de schiste représente le tiers de la fourniture de gaz américain, et ce pourrait être la moitié en 2035. L'atout écologique a été de taille. Ces cinq dernières années, les Etats-Unis ont enregistré une chute de leurs émissions de gaz à effet de serre de l'ordre de 450 millions de tonnes, la plus forte amélioration constatée dans le monde. Fierté des Américains, selon le président Barack Obama, cette source d'énergie représentera six cent mille emplois supplémentaires d'ici 2020.

En ce qui concerne les méthodes, la plus utilisée, celle de la fracture « hydraulique », est très controversée. Elle consiste à utiliser l'eau à très haute pression additionnée de produits chimiques pour briser la roche. Elle inquiète car elle fait peser une menace de pollution sur les nappes phréatiques à proximité. C'est la raison pour laquelle à ce jour tous les permis d'exploration et d'exploitation ont été refusés par le président François Hollande.

Il existe pourtant trois autres méthodes. Tout d'abord, la fracture « pneumatique », qui utilise l'hélium liquide. Lorsque ces molécules arrivent au contact de la roche-mère, le liquide se transforme en gaz, son volume augmente alors de sept cents fois et fracture. Cette technique ne requiert ni eau ni produits chimiques toxiques et est utilisée au Mexique avec succès. La deuxième solution, choisie par le Canada, est le propane. Il permet, comme avec l'hélium, de résoudre la question de l'accès à l'eau, surtout dans des régions déjà soumises au stress hydrique comme en Chine ou aux Etats-Unis. Il est par ailleurs possible de recycler le propane pratiquement à 100 %. On peut notamment le réutiliser pour la stimulation d'un autre puits. La fracturation par l'eau ne permet, elle, de réutiliser qu'une partie de la ressource utilisée. C'est, selon l'Institut français du pétrole-énergies nouvelles (IFPEN), la technique alternative la plus intéressante actuellement. La troisième technique est « hydraulique » mais plus propre. C'est la plus utilisée : plus de deux millions d'essais ont été faits depuis cinquante ans. Cela équivaut à limiter la consommation d'eau et à n'utiliser que des produits chimiques non toxiques. Il faut donc activement poursuivre les recherches et ne pas tout rejeter en bloc.

Néanmoins, et même si, vous l'aurez compris, je ne suis pas foncièrement contre, en France, il y a peut-être aujourd'hui d'autres modes de production d'énergies alternatives à développer avant de percer des trous tous les kilomètres dans les zones d'exploitation. Peut-être par exemple pourrions-nous remplacer le chauffage au gaz par des pompes à chaleur que nous fabriquons déjà, alimentées par l'hydraulique et le nucléaire.

Parasite sur cet océan qui semble être prêt à me faire sortir de son système immunitaire, je me cramponne à mon bateau comme à une bouée de sauvetage. Décervelée par le bruit, ce crescendo terrifiant évoquant des montagnes qui s'écroulent, je titube sur le pont. Mon monde, mes motivations, tout mon être s'effondre. Vais-je me dissoudre dans l'océan, disparaître à tout jamais ? Je voudrais être sourde à tous ces bruits, aveugle à ces trombes d'eau qui viennent s'écraser contre les hublots. Abattue, je recherche dans ce déchirement des flots une punition, sa façon à lui de me faire payer le prix de l'orgueil, de cette insolente arrogance qui m'a poussée à partir, seule, sans assistance, sur un bateau gigantesque, dans les mers les plus hostiles du globe.

Là où ces vagues profondes me menacent, sous cette surface déchirée, qui pourrait croire qu'il y a des millions d'années des dinosaures broutaient la savane? Des terres aujourd'hui submergées qui gardent en elles les richesses du passé. Des abysses qui sont devenus des trésors pour l'Homme. Vingt mille lieues sous les mers, dans ces profondeurs mystérieuses, des réponses aux nombreuses questions de nos sociétés reposent.

Les fonds sous-marins constituent un potentiel fabuleux en ressources minérales (nodules polymétalliques, encroûtements cobaltifères, sulfures hydrothermaux...). Ils abritent des « terres rares » qui ont de multiples usages dans les technologies de pointe (télécommunications, énergies renouvelables...). Les éoliennes requièrent en effet l'utilisation de néodyme, et le galium entre dans la fabrication des billets de banque pour prévenir les falsifications. Au-delà, donc, des demandes en cours pour l'extension des plateaux continentaux, les demandes d'exploitation des grands fonds situés sur les arêtes dorsales des océans seront des enjeux stratégiques majeurs. Les nodules situés par exemple dans les fonds des eaux françaises de Clipperton, à quatre ou six mille mètres de profondeur, sont réputés pour être riches en cuivre, en nickel, en manganèse et en cobalt. Or, nos réserves terrestres seront très probablement épuisées dans moins d'une quarantaine d'années si l'on se base sur le rythme de consommation actuel.

Le cours de plusieurs métaux rares a augmenté de plus de 300 %. Le Japon vient de publier les résultats d'une étude nationale évaluant les réserves de terres rares au fond du Pacifique à plus de quatre-vingt-dix milliards de tonnes, alors que les mêmes réserves sur terre sont évaluées à seulement cent dix millions de tonnes ! Les tensions sur les ressources se déplacent donc de la terre vers la mer. La demande en matières premières minérales est toujours plus grande et les industries poussent de plus en plus les Etats à déposer auprès de l'Autorité internationale des fonds marins des demandes de permis d'exploration pour des sites à plus de 1 700 mètres de profondeur (c'est le cas de la Chine et de la Russie). Plus que jamais l'homme souhaite maîtriser les mers et accéder à des ressources très convoitées.

Les océans pourraient devenir l'une des premières réserves mondiales d'énergies renouvelables. Selon les chercheurs de l'IFREMER, leur « potentiel » de production annuelle dépasserait largement la consommation de l'ensemble de l'humanité. La France, en tant que deuxième espace maritime mondial, a donc un atout de taille. Elle doit développer une industrie nouvelle, investir dans la recherche et dans les innovations déjà en cours. Des éoliennes offshore à l'énergie des courants marins, des marées ou des vagues, aux carburants à base d'algues, à l'énergie thermique des mers, les solutions sont nombreuses et les technologies évoluent. Les éoliennes offshore peuvent aujourd'hui reposer à plus de cinquante mètres de fond et on peut même aller au-delà avec les dispositifs « flottants ». En éloignant les machines des côtes, on limite en outre les conflits d'usages et on profite d'une plus grande stabilité et force de vent. Les hydroliennes ont l'avantage quant à elles de ne pas perturber le paysage. Elles produisent, en plus, une énergie prévisible du fait des courants des marées qui sont connus à l'avance. L'énergie thermique est un secteur également très prometteur. Elle est créée par la différence de température entre l'eau de surface, chaude, et l'eau des profondeurs, froide. Une usine en surface peut ainsi produire du courant électrique. C'est une solution particulièrement adaptée aux tropiques et parfaite pour nos territoires d'outre-mer qui travaillent pour leur indépendance énergétique, comme l'île de La Réunion que j'aime tant. En France, le syndicat des énergies renouvelables rassemble plus de cinq cents entreprises, c'est vers elles qu'il nous faut nous tourner !

Aujourd'hui pourtant, avant les énergies propres, c'est inlassablement la course à l'or noir qui nous fait avancer. Et le développement des plateformes pétrolières offshore offre des perspectives alléchantes. On voit là encore un basculement des ressources terrestres vers celles de la mer. Ces dernières semblent de plus en plus accessibles. Il est intéressant de noter que malgré le coût élevé de cette technique, selon le rapport du Sénat sur la Maritimisation de la France, la part des gisements offshore dans la production mondiale est passée de 10 % dans les années 1960 à plus de 30 % aujourd'hui. Dans les années 1970, on exploitait à 500 mètres ; à peine trente ans plus tard, les gisements peuvent aller jusqu'à plus de 2 500 mètres de profondeur. Les marchés du pétrole et du gaz offshore représentent environ sept cents milliards d'euros par an de revenu d'exploitation en 2010.

Mais ce sujet reste orphelin dans les différentes conventions internationales qui tentent de gérer le bien-être de nos océans. La question de l'exploitation du pétrole offshore dépend en effet de chaque Etat. A chacun ses règles. Or, les catastrophes écologiques existent, malheureusement. En 2010, souvenons-nous, dans le golfe du Mexique, onze travailleurs sont morts à cause d'un pipeline rompu à plus de 1 600 mètres de profondeur. Cinq millions de barils se sont échappés dans l'un des écosystèmes les plus précieux de la planète.

C'est ainsi que la problématique très fragile « zone Arctique » se présente à nous. Elle renfermerait, selon une étude de l'Institut de géophysique américain (USGS) de 2008, 13 % des ressources mondiales non découvertes de pétrole (90 milliards de barils, soit trois ans de consommation mondiale) et 30 % de celles de gaz naturel (47 000 milliards de m^3, soit six ans de consommation), et suscite la convoitise des pays riverains, la Russie en tête de liste. Les plus réalistes d'entre nous vous le diront, la demande étant en constante hausse, le pétrole sera exploité là où il est. La situation de l'Arctique est néanmoins complexe, tant en termes politiques et diplomatiques que pour des questions de coûts et de technique. La zone est très difficilement exploitable en raison des conditions climatiques extrêmes. Le risque de marée noire, du fait notamment de la mobilité de la banquise, est très important. Si une pollution accidentelle devait se produire dans ces eaux très froides, sans aucune bactérie pour aider au nettoyage comme c'est le cas dans les eaux chaudes, les dégâts sur la région, très grosse productrice de plancton, seraient dramatiques. C'est ainsi que la société TOTAL, par la voix de son P-DG Christophe de Margerie, annonçait fin 2012 que l'exploitation du pétrole au Groenland serait un désastre. Néanmoins, cette manne financière possible fait tourner les têtes et les pays souverains de la région, réunis en Conseil de l'Arctique, sont soucieux de faire respecter leurs droits. Le plus grand risque réside donc aujourd'hui, non pas sur les zones sans juridiction nationale qui pourraient être sanctuarisées, mais bien sur ces territoires sous souveraineté où il n'y a aucune convention de protection.

Je suis personnellement convaincue que cette transition énergétique qui s'impose à nous peut être un levier pour combattre la crise économique. Dans le monde, ce sont déjà trois millions et demi de personnes qui ont trouvé un emploi grâce à ce début de passage à d'autres modes de production d'énergie. L'investissement mondial est de cent soixante et onze milliards d'euros. Les premiers pays investisseurs sont l'Allemagne, les Etats-Unis et la Chine. Une étude très intéressante a été menée par le Centre pour la stratégie climatique aux Etats-Unis. Ils ont étudié les résultats de seize Etats ayant décidé de mettre en place des actions pour préserver le climat. Si on extrapole ces résultats au pays entier, si les mesures que souhaite le président Barack Obama sont adoptées, les émissions de gaz à effet de serre baisseraient de 27 % dès 2020 et plus de deux millions et demi d'emplois seraient créés. Le PIB augmenterait alors de plus de cent milliards d'euros.

En France aussi le mouvement est en marche. Partout, des communes se mobilisent pour que leur production d'énergie soit locale et renouvelable. Les cent deux communes qui constituent la « Bio vallée », nichée au cœur de la Drôme, ont passé un pacte pour qu'en 2020 la transition vers une énergie propre ait lieu. En tout, deux cents communes ont décidé de se lancer dans cette aventure du « non-polluant ». A noter qu'une part de la solution à ce problème en énergie pourrait bien être la décentralisation de la production. On ferait de l'éolien en Bretagne, du solaire dans le Sud, en Ile-de-France de la géothermie... Il faudrait mobiliser les populations locales, ce qui créerait de l'emploi et valoriserait encore plus les régions.

Des exemples, des expérimentations existent. L'Agence de l'environnement et de la maîtrise de l'énergie recense toutes ces avancées. A Chalon-sur-Saône, le quartier de Saint-Jean-des-Jardins avec ses cent quatre-vingts logements a été raccordé à un réseau urbain de chaleur produite par du bois plutôt que par du fioul. Les émissions de gaz à effet de serre ont ainsi diminué de 94 % sur l'ensemble du quartier. Dans le Tarn, la commune de Castres-Mazamet a mis en place un grand plan d'action pour intégrer les énergies renouvelables dans ses bâtiments intercommunaux. Dans le cadre de son plan stratégique en matière de développement durable, les Aéroports de Paris entendent réduire leurs émissions de CO_2. La solution d'une chaufferie biomasse permet actuellement de répondre à 26 % des besoins de l'aéroport de Paris-Charles-de-Gaulle et d'éviter 18 000 t/an de CO_2.

Seul bémol à la décentralisation : la fluctuation de la fourniture en énergie. En effet, une centrale électrique est utilisée près de 8 000 heures par an, contre 2 000 heures pour l'éolien et seulement 1 000 heures pour le solaire. Il faut donc naturellement, tant que les techniques de stockage ne sont pas encore au point, diversifier les ressources. C'est pourquoi aller vers le gaz naturel peut être une bonne alternative.

Nous avons, selon l'Agence internationale de l'énergie (AIE), soixante années devant nous au rythme actuel, grâce à des réserves détenues pour les deux tiers par la Russie et le Moyen-Orient. C'est la source d'énergie fossile la moins polluante. Son utilisation génère deux fois moins de CO_2 que le charbon et les rendements des centrales électriques au gaz sont de 50 %.

C'est un éventail de solutions à explorer. Selon les experts du GIEC, avec une volonté politique forte, on peut espérer à plus de 70 % la part des énergies d'origine renouvelable d'ici 2050. Poursuivons la recherche ! Et si, à travers le monde, autant de personnes, de villages, de villes, de régions, d'entreprises ont réussi à passer à l'action, pourquoi pas la France entière ?

Les mesures qu'il faudrait prendre rapidement

– Pour que des énergies nouvelles, non polluantes, soient développées, il est nécessaire de simplifier la réglementation du système de rachat chez les particuliers (éolien et solaire). Les aides qui avaient été concédées ont été revues à la baisse et cela a stoppé net le mouvement vers le changement. Développer ces énergies alternatives passera forcément par un investissement massif pour que le déséquilibre ne persiste pas avec les énergies fossiles qui bénéficient de près de 590 milliards d'euros de subvention par an selon l'OCDE. Il faut que les rapports s'inversent.

– Développer des techniques de captation et de stockage du dioxyde de carbone qui consistent à « confisquer » le CO_2 de l'atmosphère pour le stocker par exemple dans une mine, dans un aquifère (couche géologique située à environ huit cents mètres de profondeur). En bref, remettre dans les sous-sols le carbone qui était séquestré sous terre pendant des milliers ou millions d'années. Selon l'ADEME, environ 75 millions de tonnes de dioxyde de carbone par an (soit 20 % des émissions françaises) pourraient ainsi être prises en charge en France.
– Diminuer nos émissions de CO_2 en changeant nos comportements. Cela peut faire sourire, mais notez s'il vous plaît par exemple que le remplacement de 20 % des voyages d'affaires par des vidéoconférences permettrait de réaliser une économie annuelle d'environ 25 millions de tonnes équivalent carbone. Un autre moyen de moins consommer : des boîtiers permettent de faire fonctionner nos appareils domestiques en fonction de l'offre et de la demande en énergies. Par ailleurs, un des gros chantiers en cours en France est l'amélioration de l'isolation des bâtiments. La réglementation thermique de 2012 représente déjà une belle évolution; toutes les nouvelles constructions publiques devront être à basse consommation (moins de 50 kWh par m^2 et par an en moyenne). En 2013 cette réglementation est devenue obligatoire pour tous les bâtiments neufs, qu'ils soient destinés à l'habitation ou à un usage tertiaire.

5

Non à l'écologie politique ! Oui à l'écologie *en* politique !

> « Le secret du changement consiste à concentrer son énergie pour créer du nouveau et non pas pour se battre contre l'ancien. »
>
> Dan MILLMAN

L'horizon se rétrécit comme un collet. La lumière baisse, tamisée par les nuages obscurs qui m'encerclent. Je me situe à une longitude de 139° 38' est et une latitude de 40° 31' sud. Trente-cinq nœuds de vent. Les heures passent. Les jours, les semaines s'empilent lentement. Chaque seconde est une petite brique qui donne un peu plus de sens à l'édifice de cette aventure. Je plisse les yeux pour trouver quelques repères. Mais la gueule de la nuit se referme d'un coup sur moi. La proue de mon navire a disparu, gobée par l'obscurité. Je m'accroche à la barre pour ne pas la perdre et m'enfonce dans la pénombre comme dans une cave humide, inhospitalière. Je jette un œil derrière, mais déjà notre trace s'est estompée.

Le fait que le parti écologiste ne fasse pas un score très honorable à chaque élection ne signifie pas que les Français rejettent l'écologie, mais plutôt qu'ils ne se reconnaissent pas dans un discours environnementaliste déconnecté de leurs réalités. Pour beaucoup d'entre nous, le message culpabilisant des « écolos » ne répond pas aux besoins actuels de notre société. Les Français souhaitent de l'emploi, un avenir décent, un projet politique enthousiasmant et ils ne retrouvent rien de cela dans les slogans alarmistes de nos amis écologistes.

Problématique supplémentaire : trop longtemps, on a pensé que le développement durable était réservé à la gauche, comme si penser au bien-être des hommes en se préoccupant de préserver les ressources naturelles de notre planète était la seule affaire du socialisme ! C'est pourtant la responsabilité de chacun, de droite comme de gauche. Nous devons refuser que cette question fondamentale soit utilisée à des fins électorales ou personnelles. Stop aux manœuvres politiques, aux dessous-de-table et autres accords trompe-l'œil pour s'assurer un siège, un poste ou une circonscription ! Il ne peut pas y avoir d'écologie politique mais, au contraire, de l'écologie partout *en* politique. Nos dirigeants autant que nos représentants doivent s'entendre sur la meilleure pédagogie à adopter afin que le message passe au mieux. Les positions extrêmes ont toujours fait fuir le public. Les électeurs ne sont plus dupes des stratégies politiciennes. L'écologie politique n'est plus que le pâle reflet d'un mouvement utopiste qui jadis nous a fait rêver et qui aujourd'hui, vide d'idées nouvelles, tente de survivre en négociant avec la gauche.

C'est ainsi que, d'un côté, les « verts » demandent la dépénalisation du cannabis, pendant que, de l'autre, plus de trois millions de personnes recherchent actuellement un emploi en France ! Le parti des Ecolos surfe sur la peur et se focalise sur la question du nucléaire, alors que ce sont plus de cent vingt-cinq mille personnes qui travaillent dans cette filière, un chiffre qui grossit à quatre cent mille dès que l'on y ajoute les fournisseurs et sous-traitants des centrales, et à plus du double lorsque l'on tient en plus compte des populations dont la survie dépend des taxes et des revenus qu'elles distribuent. Comme s'il y avait le monde obscur, haut perché, de ceux qui brandissent des pancartes culpabilisantes et, partout ailleurs, des gens comme vous et moi qui tentent de préserver leurs intérêts et ceux de leur famille. Deux mondes qui ne se comprennent pas et qui, de ce fait, s'affrontent alors qu'il y a tant à faire ensemble. A qui la faute ? A l'extrémisme d'un discours ? A l'opacité d'une vérité ? A l'image dégradée de la politique en général ? Aux prophètes de l'Apocalypse venant jeter de l'huile sur le feu des angoisses déjà existantes ? Un peu tout cela en même temps, peut-être, que le manque abyssal d'un grand projet de gouvernance réaliste.

Fort heureusement, le message écologique, lui, passe toujours. Grâce au travail de milliers de personnes convaincues, d'industriels avertis et de dirigeants responsables, il trace sa route et fait de plus en plus d'adeptes. L'urgence à agir, l'instinct de survie inhérent à l'homme ont fort heureusement éveillé une « conscience écologique ». Aujourd'hui l'écologie est sociale, culturelle, sociologique, elle fait partie de nos vies et le fera de plus en plus. L'économie « verte » est à portée de main !

En effet, à l'heure où la « crise » est dans toutes les bouches, où la peur du lendemain s'installe et où le peuple doute de ses dirigeants, ne serait-ce pas justement le moment de proposer une autre politique ? L'économie des pays riches souffre, alors que celle des pays émergents connaît un développement exceptionnel. Nos entreprises ont du mal mais se battent. Bon nombre d'entre elles ont compris que l'on peut faire rimer écologie et économie et durable avec rentable, mais tout le monde n'a pas encore le mode d'emploi. Chacun d'entre nous est naturellement attaché à son niveau de vie. Dans tous les esprits prédominent la lutte contre le chômage, la nécessité de faire grimper son pouvoir d'achat et la volonté de bien vivre. La crise économique majeure que l'on vit laisse ainsi, malheureusement, penser aux hommes politiques que l'écologie n'est pas une question prioritaire. Pas facile, sûrement, de voir un lien direct entre sauvegarde des barrières de corail et création de richesse. La crise, inévitablement, et même si le but de cet ouvrage est justement de prouver que c'est un non-sens, prend le devant sur les préoccupations environnementales. Le développement durable est pourtant incontournable pour sortir de l'impasse. Qu'il s'agisse de gestion de l'énergie, du renouvellement du bâti, de l'éducation, de notre modèle social ou de notre système de taxation... pour se préparer au monde et aux métiers de demain, l'écologie doit impérativement faire partie intégrante de l'ensemble des décisions à prendre.

Partout à travers le monde, les écarts entre les riches et les pauvres s'accroissent. Les inégalités se creusent en termes d'éducation et d'accès aux soins. Les réfugiés « climatiques » seront de plus en plus nombreux. Sur le plan politique, on voit naître de nouveaux conflits pour l'accès aux ressources essentielles comme les terres cultivables et l'accès à l'eau. Selon le géographe canadien Frédéric Lasserre, ce ne sont pas moins de 260 bassins fluviaux qui sont partagés entre deux ou plusieurs Etats. Des tensions se font sentir. C'est le cas entre Israël et la Syrie où la question du contrôle du plateau du Golan (au nord-est du lac de Tibériade) pose problème. *Idem* entre la Syrie et l'Irak pour le partage des eaux du Tigre et de l'Euphrate, ou entre les Etats-Unis et le Mexique pour les eaux du Colorado.

L'accès à la terre est source d'importants enjeux. Selon l'Organisation des nations unies pour l'alimentation et l'agriculture, l'expansion de la population mondiale a réduit la quantité de terre agricole par habitant de moitié. Afin d'assurer l'autosuffisance de ses approvisionnements alimentaires, la Chine a dû se lancer dans une politique d'acquisition de zones à cultiver partout dans le monde. Elle posséderait plus de 30 millions d'hectares arables hors de ses frontières (soit plus que la surface exploitée en France), essentiellement en Afrique.

L'avancée des déserts, la baisse des nappes phréatiques, la pénurie de nourriture entraînent des exodes. A côté de cela, la montée des eaux va forcer des millions de personnes à migrer. Selon le haut-commissaire de l'ONU pour les réfugiés, le dérèglement climatique pourrait pousser près de 6 millions d'individus par an à abandonner leur lieu de vie. A ce rythme, le nombre de réfugiés climatiques sera alors compris entre 200 et 250 millions d'individus à l'horizon 2050. Des prévisions optimistes puisque, selon un rapport de l'ONG britannique Christian Aid publié en 2007, un milliard de personnes pourraient être déplacées à cette date à cause du réchauffement de la planète. Où ces populations vont-elles s'établir ? Nos villes sont-elles capables de s'adapter aux arrivées massives et brutales de ces familles ? L'urgence à stabiliser le climat est donc bien une question politique !

La recrudescence des problèmes environnementaux pose de nombreuses questions, au niveau de la santé notamment. On constate l'apparition de nouvelles maladies infectieuses, des problèmes respiratoires dus à l'accumulation de polluants chimiques dans l'air. Et alors que certaines maladies, comme le sida ou la malaria, touchent essentiellement l'Afrique, la pollution de l'air et de l'eau frappe le monde entier. Une étude menée par le centre médical de Boston indique que près de deux cents maladies humaines, de l'infirmité motrice cérébrale à l'atrophie des testicules, sont liées à la pollution. S'ajoutent à cela trente-sept formes différentes de cancers, des maladies cardiaques, rénales, l'hypertension artérielle, des dermites, des bronchites, la stérilité masculine.

Une étude de l'Environmental Working Group (EWG), une ONG de défense de l'environnement à Washington, révélait en 2010 la présence de chrome dans l'eau potable de 31 villes américaines sur les 35 passées au crible. Ce métal lourd, visiblement cancérigène, était au centre du film tiré de faits réels *Erin Brockovich.* Déjà en 2005, une analyse de cette même association donnait des chiffres particulièrement éloquents. Des tests ont été affectués sur dix nouveau-nés choisis au hasard dans des hôpitaux des

Etats-Unis. Ont été détectés sur eux plus de 287 produits chimiques différents. Et sur ce nombre étonnamment élevé, 180 provoquent des cancers chez l'homme, 217 sont toxiques pour le cerveau et le système nerveux et 208 causent des malformations ou un développement anormal selon des tests effectués sur des animaux. Et on le sait, les nouveau-nés, particulièrement sensibles, sont encore plus vulnérables à ces produits toxiques. Selon l'Organisation mondiale de la santé plus de deux millions de personnes décèdent chaque année des suites de la pollution atmosphérique. Il faut dire que, dans certaines mégalopoles, respirer l'air équivaut à fumer deux paquets de cigarettes par jour...

Ce rapport flagrant entre nos activités et la répercussion immédiate sur notre santé est l'un des facteurs qui doivent nous pousser à faire le lien entre environnement et politique, entre productivité et responsabilité. Il faut comprendre que la Terre fonctionne comme un organisme vivant. Des flux chimiques et des systèmes biologiques interagissent en permanence pour permettre cette oasis de vie dans le cosmos qu'est notre planete. L'Homme doit, pour ne pas être rejeté du système, être attentif au bien-être de ces écosystèmes mondiaux. C'est notamment pour cette raison qu'il faut penser global et mondial. En effet, si le non-respect des droits de l'homme dans un pays a des conséquences dans un autre, c'est la même chose pour la santé : une épidémie devient aujourd'hui rapidement une pandémie et c'est alors chaque être humain sur le globe qui est menacé. Les espèces pour lesquelles nous mettons en place des programmes de protection migrent et il nous faut les surveiller même lorsqu'elles quittent notre territoire. De la même manière, la pollution émise en France se retrouvera rapidement de l'autre côté du monde et inversement. Enfin, on le sait, le réchauffement climatique et les catastrophes écologiques qui y sont liées impactent les cultures agricoles. Et entraînent la migration de populations qu'il va falloir accueillir ailleurs. C'est pourquoi nous devons tous nous sentir citoyens du monde, concernés par ces problèmes comme garants de la sauvegarde de notre biosphère. Nous appartenons à une seule et même famille qui si elle veut survivre doit s'entendre.

Nos sociétés n'ont pas été jusqu'à présent suffisamment efficaces pour s'adapter au changement climatique. Le problème vient probablement pour une partie du fait que nos dirigeants ont trop souvent tendance à se concentrer sur la forme et pas assez sur le fond et oublient d'envisager une vision à long terme. Nous avons besoin de gouvernements éclairés capables de faire prendre conscience à tous des problèmes et des solutions qui se présentent à nous. Il nous faut à la fois un discours de vérité et un projet d'envergure. L'ancien candidat à la présidentielle américaine Al Gore lui-même l'avoue : il est facile pour un homme politique de s'égarer dans le jeu de la séduction ! C'est ainsi que les partis politiques spécialisés dans l'environnement préfèrent souvent les formules accrocheuses et autres petites phrases polémiques à un plan d'action réaliste pour l'avenir. Machiavel, déjà, écrivait que le Prince devait avant tout être un acteur. Malheureusement, en politique, l'intérêt personnel prime souvent sur les vrais choix et ce, même s'ils sont indispensables à la survie de nos sociétés. Face à cette classe politique, le public est devenu cynique et le taux d'abstention grandit à chaque élection alors qu'il devrait prendre conscience que le pouvoir est entre ses mains. Chacun d'entre nous a la possibilité d'imposer le changement. L'avenir de la civilisation repose sur notre sens des responsabilités en matière d'environnement. Nous, les hommes et les femmes du XXIe siècle, devons reprendre confiance. Nous pouvons tous, chacun à notre niveau, exercer une influence sur les décisions de nos gouvernements. C'est tout le sens de mon engagement. Il ne faut pas attendre que le changement vienne du haut, ce sont nos actes individuels qui ont le plus de poids. En nous informant, en comprenant mieux les enjeux, déjà nous agissons !

Avec la nuit, le sifflement du vent entre les haubans de mon voilier s'est amplifié. C'est maintenant tout le gréement, le pont, la coque, les entrailles de mon bateau qui grincent comme le parquet d'une maison hantée. Mes oreilles doivent s'adapter à ce nouvel environnement sonore. La nuit circule, virevolte, nous enveloppe de son haleine glacée. Mon voilier, transformé en ombre impalpable, poursuit à vive allure son chemin. Dans ces ténèbres, je me retrouve face à moi-même, en tête à tête avec mes interrogations, mes doutes et mes peurs. Aucune issue de secours possible! Plus une seule tache de lumière où me réfugier. Ni lune, ni étoile pour me rassurer. Je suis dissimulée au reste du monde. C'est un retour au néant pour mieux piaffer d'impatience à l'idée de revoir bientôt l'aurore. Une de mes récurrentes inquiétudes : reverrai-je le jour? Ma respiration s'accélère. Je scrute cette masse informe pour éviter toute collision. Fatiguée ou non, souffrante ou pas, bonne ou mauvaise météo : il faut faire avancer le bateau!

La construction d'éoliennes, de panneaux solaires, le reboisement, la fabrication de voitures électriques, le développement de nouvelles techniques d'irrigation, la gestion du recyclage, la création de produits durables, la construction du bâtiment du futur... Tout cela va créer de nouvelles industries autant que de nouveaux emplois. On ne peut plus envisager de sortir nos pays de la crise sans réfléchir à cette nouvelle économie. Il faut noter que, par exemple, l'agriculture biologique requiert 59 % d'emplois en plus que l'agriculture traditionnelle. Ce sont des contrats à durée indéterminée pour plus de 25 % alors qu'ils ne représentent que 17 % dans les exploitations conventionnelles.

Nous devons passer de la « révolution industrielle » à une « révolution environnementale » : une nouvelle croissance, d'autant plus rentable qu'elle repose sur un « combustible » renouvelable, inépuisable. Les énergies créatrices vont ainsi pouvoir se mettre en action. Rester accroché au passé est le meilleur moyen d'en faire partie. Nous ne pouvons plus dissocier la valeur standard de la valeur écologique de nos biens. Il faut impérativement prendre en compte les bienfaits que nous rendent les écosystèmes. Nombreux sont ceux qui ne s'achètent pas. Ils doivent pourtant bien être comptabilisés. Le problème de notre pensée économique actuelle est qu'elle ne permet pas de prendre en compte la destruction accélérée de notre environnement. Les hommes politiques oublient trop souvent d'intégrer dans leurs décisions le coût de la pollution ou de l'épuisement des ressources naturelles. L'économie classique tourne ainsi le dos aux coûts associés à ce que nous consommons, de la production de déchets au pétrole que nous brûlons, en passant par les toxines néfastes que nous émettons. Un peu comme si nous consommions des produits sans laisser de traces : invraisemblable !

C'est ainsi qu'il est indispensable d'étudier les conséquences positives autant que négatives de nos actes. Produire ? Oui, mais en évaluant chaque fois le progrès réalisé pour la société. Et surtout, il nous faut comprendre que la bonne santé de l'environnement est la conséquence de la productivité future dont nous avons besoin. Il n'est pas trop tard pour quantifier les effets de nos décisions sur les générations futures.

Un bel exemple à suivre est celui des Iroquois qui demandent à leurs assemblées tribales de réfléchir aux conséquences de leurs décisions jusqu'à la septième génération, c'est-à-dire près de cent cinquante ans plus tard ! Bien sûr, il n'est pas évident de penser sur du si long terme, mais il en va de notre survie. Lorsque l'on parle à un homme politique de quelque chose à plus de cinq ans, soit un mandat, il ne vous écoute plus. Nous avons beaucoup de mal à nous projeter face à une situation qu'on ne voit pas de nos propres yeux.

Des solutions ont pourtant déjà été proposées, comme mieux orienter l'usage des fonds publics ou stopper les subventions qui encouragent l'exploitation à outrance sur des terres peu fertiles. On ne peut plus soutenir financièrement les dégâts écologiques, cela n'a pas de sens. Lorsque les Etats étudient des demandes de crédit des entreprises, ils doivent prendre en compte l'emploi mais aussi les conséquences à long terme sur l'environnement des projets qu'on leur propose. Il faut par ailleurs que les gouvernements informent les consommateurs des suites sur l'environnement de tel ou tel produit. Il va en effet sans dire que si les agissements de certains industriels étaient rendus publics, les choix des consommateurs en seraient différents. De leur côté, les citoyens se doivent de soutenir les efforts qui vont dans le bons sens.

La bonne nouvelle c'est que des issues existent et qu'elles ont même déjà trouvé preneurs à travers le monde. En Colombie par exemple, Bogota a été entièrement repensée pour que les enfants et la population puissent vivre dans un environnement agréable. On a interdit aux automobilistes de se garer n'importe où, on a créé mille deux cents parcs, construit des centaines de kilomètres de pistes cyclables et de voies piétonnes, planté cent mille arbres. L'homme a été replacé au centre de la ville et non la voiture. Au Brésil, à Curitiba, les bus, les bicyclettes et la marche à pied ont en partie remplacé les automobiles. La population de la ville a doublé depuis 1974 mais son trafic routier a pourtant diminué de 30 %.

L'idée est d'imaginer des villes où les bâtiments s'intègrent parfaitement au paysage et soient en adéquation avec les spécificités écologiques locales. Il nous faut faire pression pour que, petit à petit, ne soient construits que des bâtiments qui fabriquent plus d'énergie qu'ils n'en consomment. Anticipons aussi la demande croissante en eau. Dans de nombreuses villes, il va falloir lutter contre le gaspillage et réutiliser, recycler, purifier l'eau usagée. En Suède par exemple, à Stockholm, le quartier d'Hammarby Sjöstad prouve lui aussi qu'il est possible de conjuguer économie et écologie. Ancien quartier de docks industriels, il est devenu un modèle de ville verte qui fait la fierté de toute la municipalité. Alliant proximité avec le centre-ville et rapport privilégié avec la nature, Hammarby Sjöstad constitue un système expérimental de gestion de l'énergie, de l'eau et de la récupération des déchets. L'énergie consommée par les résidents provient essentiellement de sources renouvelables : les bâtiments, dont beaucoup disposent de panneaux solaires, ont été conçus dans un souci d'efficacité énergétique. Le réseau de chauffage/climatisation est alimenté par une centrale thermique qui utilise du biofuel et de l'eau purifiée issue d'une station de traitement des eaux usées. Le biogaz produit par le traitement de ces eaux sales permet également d'alimenter les gazinières domestiques. Quant aux déchets, ils sont triés par les habitants et déposés dans différents conteneurs avant d'être aspirés par un système pneumatique d'évacuation souterraine. La consommation globale du quartier en énergie est inférieure de 40 % à celle d'un territoire similaire. Stockholm a d'ailleurs reçu, en 2009, le titre de « Capitale verte de l'Europe », attribué par la Commission européenne.

Par ailleurs, le système de transport urbain doit être plus « collectif ». Il est impératif de développer le train, le métro, le tramway, les bus, les pistes cyclables. Les transports doivent être économiques pour les usagers, rapides, voire attractifs. A Moscou par exemple, des œuvres d'art sont exposées dans les stations de métro. La vie urbaine doit prendre en compte la santé des hommes et leur besoin en exercices physiques. A Singapour, on a fait le choix de taxer les véhicules. La qualité de l'air s'en est aussitôt ressentie. Londres et Oslo ont elles aussi adopté cette pratique. Et contrairement aux inquiétudes il n'y a pas eu de chute du chiffre d'affaires des commerces. Au contraire, l'image de ces villes s'est améliorée et du coup la fréquentation aussi. On l'aura donc compris, la détérioration environnementale de nos villes provient de l'insuffisance des politiques en termes d'urbanisme, de transport, de logement, de gestion de l'eau. La ville de demain, « durable », est économe en énergie, en espace, en ressources et par là même plus agréable à vivre pour ses habitants. De très belles initiatives ont été observées également en France, en Suède, en Italie et en Espagne grâce notamment à la mise en place d'Agenda 21. Ce plan d'action pour le XXIe siècle, adopté par 173 chefs d'Etat lors du sommet de la Terre, à Rio de Janeiro, en 1992, est un projet global et concret, dont l'objectif est de mettre en œuvre progressivement et de manière pérenne le développement durable à l'échelle d'un territoire. Il se traduit par une multitude d'actions visant à améliorer la qualité de vie des habitants, à économiser les ressources naturelles et à renforcer l'attractivité d'une région.

Des innovations, des leviers d'actions, de très belles réalisations ont été ainsi, partout sur le globe, mis en place et sont une source d'encouragement. Architectes et urbanistes développent des idées magnifiques, souvent en concertation avec les citoyens, pour créer de nouveaux modèles urbains comme les éco-quartiers. En France, ces derniers ont du succès et le mouvement s'amplifie. Les normes de Haute Qualité Environnementale, qui poussent le milieu du bâtiment à mieux gérer l'énergie, l'eau, les déchets, à faire le choix de biomatériaux, etc., sont déjà respectées dans nombre de réalisations récentes.

De son coté, l'architecte belge Vincent Callebaut a imaginé Lilypad, un projet utopique de cité flottante, écologique et autosuffisante. Son objectif : concilier développement durable urbain et humain. Un urbanisme écologique, produisant plus d'énergie qu'il n'en consomme, dérivant au gré des courants marins, Voilà peut-être à quoi ressembleront nos villes de demain ?

Vous me direz qu'il est facile de s'en prendre aux « politiques ». Et dire qu'ils ne font rien serait un peu simpliste. Loin de moi cette idée. Je veux croire en l'homme, où qu'il soit, quel qu'il soit, en son énergie à relever des défis plus grands que lui. Et certains font la différence. Lorsque Nicolas Sarkozy était à la tête de l'Etat, on a senti une volonté forte pour que l'écologie soit enfin aussi de droite. Le Grenelle de la Mer, destiné à définir une stratégie maritime nationale à long terme, a notamment permis de renforcer le dialogue entre les ONG environnementales et les industriels en balayant pour la première fois l'antagonisme qui sévissait depuis tant d'années entre le monde de l'écologie et celui de l'économie. Le Grenelle a mobilisé tous les acteurs, des syndicats aux pétroliers, en passant par les citoyens, les élus et les collectivités territoriales. Nombre de propositions ont été faites. Le résultat n'a peut-être pas été à la hauteur de toutes les ambitions, mais il a au moins eu le mérite d'avoir mis autour de la table des mondes qui ne se croisaient jamais. Ces sessions de travail ont permis de dépasser le débat stérile qui consiste à opposer de façon systématique l'exploitation et la protection de l'environnement, et de prendre conscience que ces deux univers ont des intérêts communs : assurer la survie des hommes.

Et si c'était le Grand Bleu qui allait nous aider à sortir de la crise ? Les entreprises maritimes sont attractives, notamment en termes d'emplois. Il convient donc d'inciter les jeunes à se tourner vers des formations menant aux métiers maritimes ou au service de la mer. Selon le Cluster Maritime Français, les activités navales directes hors tourisme littoral donnent du travail à plus de trois cent mille personnes en France, et l'économie maritime est encore appelée à se développer compte tenu de son potentiel. Dans le monde, selon l'Organisation des nations unies pour l'alimentation et l'agriculture, plus de deux cents millions de personnes ont des revenus qui dépendent de façon directe ou indirecte de l'exploitation et de la commercialisation des produits de la mer. L'évolution vers le Grand Bleu est telle que l'on peut parler aujourd'hui d'une sédentarisation de l'homme en mer. Il y a actuellement près de sept cents plateformes offshore en service. Des centaines de milliers de personnes ont en charge la production, le soutien et le support. Au Brésil par exemple, trente mille personnes vivent, par roulement, sur la centaine de plateformes existantes situées de quatre-vingts à plus de deux cent cinquante kilomètres des côtes. A ces travailleurs s'ajoutent, dans le monde, près de cinq cent mille officiers, plus de sept cent vingt mille hommes d'équipage sur les cinquante mille navires qui parcourent les mers du globe.

Pour l'emploi, nous avons besoin de toutes ces industries, de la pêche au tourisme, de la pose des câbles sous-marins au transport maritime ou encore à l'exploitation du pétrole. On doit rassembler celles et ceux qui veulent bien faire, créer des synergies, accorder des licences pour utiliser l'espace océan. La France est actuellement le seul pays du monde à avoir des structures dans toutes les phases d'exploitation du milieu marin. L'urgence est donc à la mobilisation, tant politique que citoyenne. Selon une étude menée dernièrement au centre de

Nausicaa à Boulogne-sur-Mer, pour plus de 60 % des votants, se consacrer aux océans est une priorité. Il faut maintenant former les jeunes, partager les expériences, et innover pour inventer une société plus durable.

Nous nous trouvons à un tournant où tout est encore possible. Certaines civilisations ont été capables de se transformer pour s'adapter au changement. Le serons-nous ? Saurons-nous mettre nos savoir-faire, notre intelligence, nos capitaux privés et publics, notre jeunesse en marche pour relever cette mission ? Saurons-nous inventer la société de demain post-carbone ? Nos gouvernements et nous-mêmes avons accès à l'information, une démarche collective peut naître. Saurons-nous accepter le changement pour mieux vivre après et régénérer notre planète pour nos enfants ? Prendrons-nous les bonnes décisions pour aider nos entreprises à se lancer dans le business durable ?

Les réponses sont entre nos mains !

Les mesures qu'il faudrait prendre rapidement

- Instaurer une fiscalité verte efficace qui permettra, pour encourager le changement, de taxer les produits polluants.
- Réduire les subventions aux activités néfastes à l'environnement.
- Encourager la certification des produits issus de pratiques éco-responsables. Nous pouvons ainsi tous

« voter », c'est-à-dire faire le choix de tel ou tel produit. Des labels faisant référence existent déjà, notamment pour le poisson. Il faut les développer dans tous les domaines.

6

Tout se joue à l'école !

« Quand il n'y a plus d'espoir, la volonté d'espoir s'appelle l'espérance. »
Jean François DENIAU

La lumière des étoiles tombe doucement. Je renverse la tête, me glisse dans le cockpit pour me laisser couvrir de ce voile noir scintillant. La voûte céleste forme une cloche interdisant au temps de filer. Inutile d'accélérer le rythme, ma montre s'est mise en berne. C'est peut-être cela, être libre ? Une à une, des milliers de bougies s'allument au-dessus de moi, des milliers d'étoiles arrêtées dans l'espace, comme figées par le vent froid de ces mers du Sud. Le ciel s'illumine lentement. La lueur de la Voie lactée dessine un pont au-dessus du ciel, reliant d'une évidence la mer à la voûte céleste. La nuit est vivante, palpitant au rythme de ces feux qui rayonnent avec délicatesse.

Dans le sillage de mon voilier une coulée de diamants bruts apparaît. Le plancton phosphorescent, cette merveille de la nature, vient s'accorder aux scintillements des astres. Nous laissons derrière nous une trace argentée, chevelure féerique. J'ai travaillé très dur pour en arriver là, à cet instant de grâce délicat comme une bulle de savon. Certaines minutes valent l'existence. Assise, contemplative, j'admire ce ciel resplendissant, mon seul protecteur. J'écoute la nuit, le souffle de cette ombre géante qui vient en quelques secondes d'absorber dans son trou noir toutes les couleurs du soleil.

C'est cette beauté qui m'a poussée à quitter le monde de la mer pour rejoindre le continent. Eduquer les générations futures, faire comprendre pour faire aimer, voilà le combat de ma vie. C'est mon cheval de bataille, ce pour quoi j'ai décidé de débarquer de mon voilier, de lutter contre ma timidité maladive, de mobiliser toute mon énergie pour aller convaincre. Des portes fermées, j'en ai vu, des hommes politiques qui faisaient semblant et des bureaux dorés vides d'âme aussi ! Cela fait maintenant plus de quinze ans que je travaille à l'éducation à l'environnement de nos jeunes. J'ai tout autant connu le travail de l'ombre, les rendez-vous impossibles à caler, les déferlantes de réponses négatives, la cruauté de certains raccourcis faciles, la terrible déception d'être reçue par cette même personne qui me fermait la porte au nez lorsque j'étais « anonyme ». Autant de désillusions qui ont forgé ma volonté. Ne jamais baisser les bras ! Et cela ne vaut pas seulement pour mes aventures maritimes. J'ai ces convictions chevillées au corps et chaque jour, obstacles ou pas, je poursuis mon combat et me satisfais de chaque petite victoire. Un enfant qui, alors que je lui demande d'où vient l'oxygène, me répond « l'océan », c'est le bonheur qui me fait poursuivre, imperturbable, mon cap !

Mon enfance en mer, avec des parents qui ont consacré leur temps et leur intelligence à mon éducation, a été une vraie chance. Cette vie au plus près de la nature, rythmée par l'école dans le carré du bateau et l'apprentissage de la mer, a été sans aucun doute un révélateur. Je ne suis allée à l'école qu'en terminale pour passer mon bac : le choc. Pour moi qui n'avais connu que les programmes du CNED (Centre national d'étude à distance) adaptés à notre vie de voyage en voilier, ce fut la découverte du jour au lendemain des contraintes d'un système scolaire, de la rigueur de l'Education nationale. Sur notre voilier, lorsque nous n'étions pas assez concentrés mes frères et moi, la sentence de mon père tombait comme un couperet : « Si vous ne travaillez pas, vous irez à l'école ! » C'était la punition suprême, notre bête noire à tous les trois. La scolarité « traditionnelle » était une prison, un lieu de clonage déshumanisé, une sanction sans appel qui me terrorisait.

Lorsque, pour la première fois à dix-sept ans, je rejoignis les bancs de l'école publique en tant qu'interne dans un lycée en périphérie de Paris, j'étais paralysée. Je me revois dans cette cour de récréation intimidante, face à tous ces regards, terrifiée par l'uniformité de cette jeunesse qui m'observait. J'étais une étrangère, une fourmi noire tombée par mégarde dans un nid de fourmis rouges. Ma seule obsession : m'échapper au plus vite pour retrouver les bras affectueux de la mer. Mais l'enclos était bien fermé. Ce lieu de formatage était devenu mon cachot.

Timide, je restais enfermée en classe pendant la récré. Ma seule issue de secours : avoir mon bac du premier coup. Ce serait mon premier défi à relever ! Quant à m'approprier les codes de fonctionnement de ce lieu étrange, cela viendrait avec le temps, m'assuraient mes parents. Une année ne m'a, en réalité, pas suffi. Lorsque je suis entrée à la fac à Paris, la liberté retrouvée a été une brise salutaire mais je passais toujours toutes mes heures de pause perchée au dernier étage, là où j'étais certaine de ne croiser personne et où je pouvais rêver et lire tranquillement.

Depuis, je me suis réconciliée avec l'Education nationale en la personne de Mme Jocelyne Busson. J'ai rencontré cette extraordinaire institutrice de la cité de la Pierre-Collinet dans ma ville de Meaux, grâce à Jean-François Copé, lorsque je suis partie en 2003 pour ma première traversée à la rame. Sa classe suivait au jour le jour mon aventure. Elle m'a presque fait regretter le tableau noir et l'odeur de la craie. Exemple de maîtrise parfaite de l'art d'éduquer, elle rend ses lettres de noblesse à cette précieuse institution de la République et inonde les enfants de confiance. Sa motivation après trente ans de bons et loyaux services reste intacte.

Mon travail avec les jeunes date de plusieurs années auparavant. Très jeune, avant même de partir à l'aventure seule en mer, consciente de la chance immense que j'avais eu petite, j'ai décidé de transmettre aux enfants les principales valeurs livrées par mes parents, l'amour de la mer et le goût de l'effort. Créant ma première association avec comme projet l'animation dans les services pédiatriques des hôpitaux, je me suis ensuite lancée dans ce qui fut pour moi un vrai apprentissage de la vie : la construction d'un bateau traditionnel en bois avec des jeunes défavorisés pour leur permettre d'apprendre la navigation. Bien sûr, cela n'a pas été simple tous les jours. J'en admire d'autant plus celles et ceux qui consacrent leur vie, dans l'ombre, à ce travail associatif, mais j'ai forgé dans ces diverses expériences la conviction que les petits ruisseaux faisaient des grandes rivières. J'ai vu dans le parcours des enfants combien une rencontre, un message, une sortie pédagogique pouvaient faire naître une vocation, changer un destin ou plus simplement remettre sur la route un individu en perte de repères. J'ai vu des merveilles et cela me confirme chaque jour dans mon engagement.

En me focalisant ensuite sur le milieu scolaire, je suis passée d'école en école, à la rencontre de milliers d'élèves et de professeurs admirables avec l'objectif d'échanger, d'enthousiasmer, de mobiliser sur l'urgence à préserver notre environnement. J'ai toujours été épatée par ce dévouement des maîtres associé à cette soif d'apprendre de notre jeunesse. A chacune de mes visites depuis 1998, je ressors des classes pleine d'espoir, réconfortée et plus motivée que jamais pour continuer. Immédiatement, avec les plus jeunes, le contact est vrai et franc. Il me rappelle celui que j'entretiens avec la mer. Les effets de manches ne sont pas de mise et les faux-semblants n'y existent pas. Il faut, du premier coup, être efficace, pédagogue, maître de son sujet et donner toute l'énergie que vous avez. On vous le rend au centuple. A travers les questions des jeunes, ma confiance dans l'avenir se renforce. Car oui, le message sur l'environnement passe de plus en plus. Oui, la jeunesse est de mieux en mieux informée et réceptive.

Partout en France, des enseignants s'approprient cette problématique et l'adaptent efficacement à leurs cours tout au long de l'année, cherchant à créer le lien entre ces « nouveaux » sujets et les matières inscrites aux programmes scolaires. J'ai vu des cours de physique/chimie se transformer en grand oral sur les métaux lourds intoxiquant nos poissons, des spectacles de danse dédiés à la lutte contre la pollution marine, des exercices de mathématiques visant à calculer les économies réalisées sur la facture d'électricité grâce à l'utilisation d'ampoules basse consommation, autant que des leçons de français consacrées à l'invention de jeux de société sur les grandes actions menées pour préserver l'environnement ou à la création de slogans accrocheurs pour rappeler au grand public le lien entre l'Homme et l'Océan, des initiatives pour économiser l'eau dans les écoles, des jardins bio plantés dans les cours de récréation, des composteurs à la sortie de la cantine : une multitude de démarches, petites et grandes, visant toutes à faire entrer l'écologie dans le quotidien de notre jeunesse !

Lorsqu'en 2007, au retour de mon tour du monde à contre-courant, j'ai décidé de créer ma Fondation, c'était donc tout naturellement pour poursuivre mes activités menées depuis mon adolescence dans le milieu scolaire. L'urgence à préserver le milieu marin dont la vie de chacun d'entre nous dépend était pour moi une évidence. Mon expérience en mer, le travail que j'ai mené avec les scientifiques en tentant d'intégrer leurs savoirs, les cours auprès du Collège des hautes études sur le développement durable, la lecture de nombreux ouvrages, ma participation à des conférences, colloques et autres réunions internationales sur les questions environnementales m'ont permis d'acquérir une meilleure connaissance de l'état du globe, de nos océans en particulier. Transmettre aux enfants était pour moi une évidence, le changement passera forcément par notre jeunesse.

La particularité de mon discours est qu'il se veut non anxiogène et basé sur les perspectives d'avenir. Mon travail au quotidien est de valoriser celui, magnifique, accompli par les scientifiques et de faire comprendre au plus grand nombre combien notre survie, notre économie, nos emplois, notre bien-être dépendent de notre environnement. Avec l'aide de mon équipe, ma mission au sein de ma Fondation est de faire passer ce message d'espoir aux générations futures à l'aide de programmes pédagogiques complets – mis gratuitement à la disposition de l'ensemble des écoles primaires, collèges et lycées – sur le thème de l'environnement et plus spécifiquement des océans. Grâce aux défis ludo-éducatifs que nous proposons par ailleurs à des milliers de classes, lors de notre tournée estivale des plages françaises, lorsque nous emmenons des centaines d'enfants découvrir l'océan pour la première fois, par le biais du travail mené avec l'Union nationale du sport scolaire (UNSS), grâce aux sorties en mer sur mon voilier de course ou encore pendant nos expéditions avec nos jeunes ambassadeurs malentendants, ma volonté est de faire prendre conscience que le Grand Bleu représente les trois quarts du globe et qu'il est indispensable à la vie sur terre. Un sujet passionnant qui nous ramène à nos origines autant qu'il nous donne les clefs pour construire la société du futur.

Mes aventures maritimes m'ont permis et me permettent encore de faire coïncider mon discours sur la préservation de notre environnement avec les valeurs humaines auxquelles je crois profondément : la persévérance, notre capacité incroyable à organiser notre survie, notre intelligence collective, la force de la volonté associée à notre capacité à rêver, à innover, à réinventer notre quotidien. Mon travail, autant dans les Zones d'éducation prioritaire que dans les hôpitaux ou dans le cadre de partenariat avec l'Unicef, le Secours populaire, le CNRS, le Conservatoire du littoral ou encore le Cluster Maritime, est pour moi fondamental pour bien faire comprendre que les enjeux liés à l'environnement concernent tout le monde, où que l'on soit, d'où que l'on vienne, quoi que l'on fasse. Ils font partie de notre quotidien. L'urgence est de prendre conscience que la multitude de services que nous rend gracieusement la nature sont indispensables à nos économies et donc à la pérennité de nos civilisations.

L'imprimerie a beau avoir été inventée par Gutenberg il y a plus de cinq cents ans, les inégalités en termes d'éducation sont flagrantes. Alors que dans certains pays industrialisés, comme au Japon ou au Canada, plus de la moitié des jeunes possèdent des diplômes correspondant à trois ou quatre années d'études supérieures, selon les études de l'Unicef, à travers le monde plus de quatre-vingt-treize millions d'enfants en âge d'être scolarisés ne vont pas à l'école. A ce constat alarmant s'ajoute le chiffre de huit cents millions d'adultes illettrés. Un manque d'éducation qui accroît un peu plus encore la pauvreté des pays en voie de développement. En effet, en l'absence de programme d'apprentissage de la lecture pour ces personnes, les perspectives de sortir de la précarité s'en trouvent tout autant réduites. L'analphabétisme et la pauvreté sont intimement liés. Les femmes illettrées ont des familles plus nombreuses et donc plus de besoins. A l'inverse, dans les foyers où les enfants sont allés à l'école les revenus sont ensuite plus importants de 10 à 20 % lorsque la scolarité est terminée. Au Brésil, les femmes illettrées ont en moyenne six enfants, les autres deux. Ce sont des mères qui restent souvent enfermées à la maison et ne ramènent aucun revenu. Elles sont coupées de l'information.

A cela s'ajoute le fait que la pauvreté et l'absence d'éducation sont des freins à la compréhension des mécanismes de transmission des maladies infectieuses et des mesures à prendre pour s'en protéger. La mortalité infantile dans les sociétés développées est de 8 % alors que dans les pays pauvres, elle est de 97 %, soit treize fois plus élevée. Le nombre de décès dus au sida touche lui aussi directement le système éducatif. Les rangs des enseignants sont décimés par le virus. En 2001, la Zambie a perdu plus de huit cents enseignants en primaire, soit 45 % des nouveaux enseignants formés dans le pays chaque année.

Le problème de l'accès à l'eau est lui aussi lié à l'éducation. Un mauvais assainissement, une eau non potable et de mauvaises habitudes d'hygiène sont à l'origine de souffrances et de maladies qui touchent des millions d'enfants dans les pays en développement. La diarrhée tue à elle seule plus de cinq mille enfants par jour. Ces épisodes, même lorsqu'ils n'entraînent pas la mort, épuisent physiquement les enfants et les diminuent mentalement. Ceux qui ont la chance d'aller à l'école n'y vont plus ou restent en souffrance sur un banc.

Lorsqu'on n'a pas accès à l'eau potable, comme plus de huit cents millions d'êtres humains, dans beaucoup de pays, la corvée d'eau revient aux enfants. C'est ainsi qu'à travers le monde, des milliers de petites filles n'ont pas le droit d'apprendre à lire et à écrire car elles doivent parcourir à pied des dizaines de kilomètres afin d'aller chercher l'eau nécessaire à leur famille. A l'âge adulte, ce sont ces filles qui se retrouvent analphabètes. Au Niger, pays d'Afrique subsaharienne où le taux d'alphabétisation est l'un des plus bas du continent, seule une femme sur trois sait lire et écrire. En Ethiopie et au Mali, c'est une femme sur deux qui est concernée par ce problème. Dans ces pays, les petites filles restent souvent à la maison pour cuisiner, ranger, nettoyer ou s'occuper des plus jeunes. L'école est un luxe que leurs familles ne peuvent se permettre. Souvent aussi, ces filles sont ensuite mariées jeunes et tombent enceintes très tôt. Là où l'hygiène et l'accès à l'eau potable – grâce au forage de puits ou à l'installation de pompes manuelles – sont améliorés, les enfants ont plus de chances d'aller à l'école. C'est le cas au Burkina Faso grâce à l'organisation internationale One Drop – dont j'ai la chance d'être la marraine –, à Madagascar, au Togo, en Centrafrique où des ONG financent des forages, la fabrication de latrines et des écoles.

Promouvoir l'égalité des sexes et l'autonomisation des filles est le troisième objectif du millénaire pour l'Organisation des nations unies. Et le droit à la scolarisation est un droit fondamental inscrit dans la Convention internationale des droits de l'enfant. Les pays signataires s'engagent à tout mettre en œuvre pour que les plus jeunes puissent être scolarisés dans de bonnes conditions. Plus le taux de scolarisation des filles est élevé, plus la croissance du pays est en hausse. Il y a donc un lien entre le fait d'envoyer les filles à l'école et l'économie d'un pays. Le rapport sur la situation des enfants dans le monde publié en 2012 par l'Unicef donne le pourcentage d'enfants scolarisés par rapport au nombre d'enfants en âge d'aller à l'école. On constate qu'en Somalie, en Afghanistan ou en Irak, les filles ne vont quasiment pas à l'école. Une proportion inverse dans les pays industrialisés, en Europe ou en Amérique du Nord.

Ces chiffres alarmants doivent-ils nous amener à envisager une politique de dénatalité ? Quatre siècles avant notre ère, alors que le monde comptait moins de deux cents millions d'habitants, Platon et Aristote recommandaient aux Etats de réglementer strictement le nombre de naissance. Plus récemment, en 2009, le rapport du Fonds des nations unies pour la population (Unfpa), a indiqué qu'il fallait d'urgence aider les femmes à faire moins d'enfants pour lutter contre le péril climatique et démontré que l'éradication de la pauvreté est liée à la stabilisation de la population dans certains pays. Réduire la croissance démographique contribuerait en effet à diminuer la précarité. Et lorsque la pauvreté baisse, le nombre de naissance baisse en même temps. Les femmes devraient toutes avoir accès à des services de planification familiale et à un mode de contraception pour limiter la taille de leur famille si elles le désirent. Selon les Nations unies, deux cents millions de femmes n'ont pas la possibilité de se protéger et cinquante-deux millions de naissances sont non désirées. Pourtant, l'évolution vers des familles moins nombreuses apporte, grâce à de meilleurs taux de scolarisation et, selon la Banque mondiale, des bénéfices économiques évidents. Une étude menée au Bangladesh par l'International Planned Parenthood Federation (IPPF) démontre qu'une dépense de soixante-deux dollars pour éviter une grossesse non désirée équivaut à une économie de six cent quinze dollars sur les aides sociales. Aider ces familles, c'est consacrer plus d'argent à l'éducation de leurs enfants et à l'accès à l'eau. Il y a plus de soixante ans, au lendemain d'une guerre civile particulièrement meurtrière, le Costa Rica a pris une décision courageuse en abolissant son armée pour investir l'ensemble du budget lié aux dépenses militaires dans l'éducation. C'est ainsi que, selon la Fondation Arias pour la paix et le progrès humain, la suppression de l'armée dans ce petit pays permet, chaque année, de financer l'ensemble des universités publiques du pays et trois hôpitaux. Aujourd'hui, le pays connaît un taux record d'alphabétisation de 96 %. Tout est donc encore possible !

J'ai la chance, dans le cadre de ma Fondation mais aussi en tant que marraine, de soutenir l'Association coopération humanitaire (ACH) qui fait, grâce notamment à son extraordinaire présidente Justine Edmond, un travail magnifique à Madagascar. A Antsirabe, au nord-est de l'île, l'orphelinat « Les Terreaux de l'Espoir » accueille une quarantaine d'enfants de 4 à 17 ans. Ce foyer leur offre la chance, au-delà de manger à leur faim et de pouvoir se vêtir convenablement, d'aller à l'école, de mieux comprendre leur environnement naturel pour mieux le protéger, autant que de se préparer à exercer un métier, à cultiver ce qu'ils mangent, à être autonomes, voire, je l'espère, à être des leaders dans leur pays qui regorge de richesses. Je suis émerveillée à chacune de mes visites par leur volonté, leur curiosité, leur plaisir d'apprendre et l'immense esprit de solidarité envers les autres enfants « moins chanceux » de la ville. Un exemple parmi d'autres qui m'a bouleversée : nombreux de nos petits font régulièrement, de leur propre initiative, le choix de se priver de goûter, afin que l'argent ainsi économisé puisse être consacré à l'achat de nourriture pour de « plus démunis qu'eux ».

L'accès à l'éducation, partout à travers le monde, est le moyen de lutter contre les inégalités. Apprendre à lire et à écrire, avoir accès à la connaissance sont l'atout le plus efficace pour que nous parvenions tous ensemble à créer cette société « durable ». Aller à l'école, c'est ensuite comprendre ce qui se passe dans le monde, comprendre le lien entre les peuples, les interactions entre chaque gouvernance et le fait que nous faisons tous partie de cette même biosphère. Selon la Banque mondiale, il faudrait douze milliards de dollars par an pour assurer l'accès à l'école des enfants dans plus de quatre-vingts pays.

La nuit s'étale, les heures sont paresseuses. Le froid n'a eu de cesse de s'acharner sur mon cou et mes reins. Comme tout marin, les yeux gonflés de fatigue, le corps courbaturé, j'attends le lever du jour. J'imagine la partie de la terre où la lumière est déjà là et cela me fait tenir. Bientôt cinq heures. Cela ne devrait plus tarder. Il y a un mélange de fantastique et de sacré dans l'arrivée des premières lueurs du matin. D'abord une pale luminosité de veilleuse qui réchauffe le cœur, puis un immense soulagement avec l'apparition, sur l'horizon, du disque de feu. L'œil de braise devient rapidement éblouissant. Les voiles de mon bateau se teintent d'or. Le ciel s'embrase comme un cœur amoureux. La mer rosit. C'est une éclosion de couleurs. J'ai le sentiment que ce spectacle n'est que pour moi, cadeau inattendu après des journées interminables d'ombres et de brouillard. En mer, je suis citoyenne d'un pays libre, infini, un pays où les lois des hommes n'ont plus d'importance, un pays hors du temps, qui me paraît si idéal que rien ne semble pouvoir y mourir.

L'urgence est tout autant à l'éducation des enfants qu'à la formation des enseignants. Il faut partir de la base pour éviter que certaines incohérences perdurent : aujourd'hui on met de l'essence sans plomb dans la tronçonneuse mais on continue la déforestation ! Comment expliquer cette inertie ambiante si ce n'est par le manque évident d'éducation et de sensibilisation aux enjeux écologiques ? A quand un grand plan national et international pour inculquer les bases à nos enfants ? Il y a trop souvent un gouffre entre ceux qui protègent l'environnement, les spécialistes qui réfléchissent à l'avenir économique de la France et les experts de l'Education nationale. Selon le Comité français pour l'éducation à l'environnement et au développement durable (CFEEDD) qui propose un plan complet d'actions, il est important d'élargir le sujet avec notamment l'économie, la consommation, la santé, l'alimentation, l'agriculture, la pêche, les énergies renouvelables, l'aménagement du territoire, les transports, le droit et l'environnement, le jardinage, le tourisme, etc. Nous devons pour cela, tout à la fois, concevoir des passages obligatoires dans les cursus de formation des enseignants, des animateurs et des éducateurs, créer un observatoire pour répertorier les initiatives, analyser les impacts, évaluer les politiques dans ce domaine, développer une coordination interministérielle autour de ces questions (Agriculture, Energie, Mer, Jeunesse et Sports, Santé, Ville, Economie Solidaire, etc.), créer des postes de « conseillers environnement » (accompagnateurs de projets, guides pédagogiques et administratifs) dédiés à soutenir les professeurs, mettre en place des partenariats autant avec les entreprises qu'avec les médias, etc. La liste est longue.

Des biotechnologies au panel d'énergies renouvelables potentielles en passant par une réflexion sur la façon de transformer nos bâtiments en minicentrales électriques ou sur les transports rechargeables, notre responsabilité d'adultes informés est bien d'initier notre jeunesse à ces techniques. Les bâtiments scolaires notamment doivent en priorité être construits avec ces nouveaux matériaux, modes de production de l'énergie, aménagements plus en accord avec notre environnement. Ils doivent être exemplaires pour que les jeunes générations se familiarisent avec ces technologies du futur. Eduquer à l'environnement, c'est amener nos enfants, nos jeunes, nos étudiants partout dans le monde, à plonger dans l'étude de domaines très variés, pour certains encore méconnus, de thèmes fondamentaux qu'ils doivent s'approprier car ils feront bientôt partie de leur quotidien.

Si les politiques de l'éducation à l'environnement remontent aux années 1970, ce n'est qu'au début des années 2000 qu'elles ont été intégrées dans la plupart des systèmes éducatifs européens. En 1987, la Commission mondiale sur l'environnement et le développement définit le développement durable comme « un développement qui répond aux besoins des générations du présent sans compromettre la capacité des générations futures à répondre aux leurs ». C'est ainsi que cet apprentissage de notre lien à la nature a été progressivement intégré dans les programmes scolaires et dans la vie des établissements.

L'un des chapitres du programme d'actions « Agenda 21 » est consacré à la « Promotion de l'éducation, de la sensibilisation du public et de la formation » dans le domaine du développement durable, avec trois objectifs : réorienter l'éducation vers un développement durable, mieux sensibiliser le public, promouvoir la formation. A la suite de cette avancée significative, en 2002, l'Assemblée générale de l'Organisation des nations unies a souhaité réaffirmer que l'éducation est une condition essentielle pour la promotion du développement durable en instaurant une Décennie pour l'éducation en vue du développement durable (2005-2014). Confié à l'Unesco, ce programme a pour ambition de favoriser la mise en place d'actions concrètes au niveau national, local, mais aussi au niveau des établissements ou des classes : constitution de réseaux, amélioration de la qualité de l'enseignement, etc. Par ailleurs, depuis 2005, l'office français de la Fondation pour l'éducation à l'environnement en Europe (of-FEEE) a mis en place le label « Eco-Ecole » décerné aux établissements scolaires, primaires, collèges et lycées, qui s'engagent vers un fonctionnement éco-responsable et intègrent l'éducation au développement durable dans les enseignements.

Nombreux sont donc les pays qui se mobilisent, la France pourtant n'est pas en pointe sur la question. Nos dirigeants n'en ont pas fait leur priorité. Comment inverser les choses si ce n'est en montrant l'exemple ? C'est ce que font, sans être particulièrement soutenus, des dizaines d'associations, des centaines de professeurs et des milliers d'élèves que le sujet passionne. C'est maintenant à chacun d'entre nous d'être convaincu de cette urgence et de l'exiger de nos hommes politiques. L'éducation à l'environnement ne peut plus se cantonner à des « coups médiatiques » qui disparaissent aussi vite qu'ils sont apparus. Elle doit se faire à l'école, à table, dans les activités périscolaires, pendant les vacances, sur nos plages ou dans les centres de loisirs, par le biais de la grande distribution ou encore des programmes télévisés. L'avenir de notre civilisation en dépend !

Les mesures qu'il faudrait prendre rapidement

– Adopter au niveau mondial un ambitieux plan d'éducation à l'environnement, des enfants comme des grands.
– Transformer tous les échelons, du maire aux députés, pour que ces questions intègrent naturellement les politiques locales.
– Associer les médias à cette démarche en leur fournissant régulièrement des exemples d'actions menées, en réalisant des partenariats avec certains d'entre eux.
– Mobiliser le monde de l'entreprise pour qu'il participe au débat mais aussi propose des stages, des formations adaptées, des emplois d'avenir à nos jeunes.
– Appeler les parents d'élèves, les associations d'enseignants, les mouvements d'éducation, les réseaux, les syndicats à échanger et à inciter le corps enseignant à réclamer des formations sur l'environnement et un temps spécifique imparti à cette discipline.
– Soutenir les réseaux locaux et les initiatives relatives à l'environnement. Labelliser les structures spécialisées et simplifier la mise en œuvre des actions pédagogiques pour ne pas décourager les personnes concernées.

7

Les transports

« Il existe des réponses de civilisation à tous les grands défis. »

André MALRAUX

La peur fait partie inhérente de toute aventure en solitaire. La peur de ne pas être à la hauteur, celle d'y rester mêlée à celle du regard des autres, la peur de se découvrir misérable, de baisser les bras, la peur de décevoir, celle de mourir. Pourtant, cette peur nous sauve bien souvent la vie. C'est une alerte qui nous force à être plus rigoureux, mieux préparés, plus disciplinés. Réussir, c'est, pour plus de 90 %, amadouer la peur. Vivre, c'est se battre chaque jour pour oublier que l'on va mourir un jour.

J'ai mis trois mois pour traverser l'océan Pacifique à la rame, quatre mois pour l'Atlantique Nord et cinq pour boucler le tour du monde à contre-courant : une apologie assumée de la lenteur, une volonté d'être en opposition avec la rapidité inhérente à nos civilisations. Le monde est accessible de part et d'autre, de plus en plus facilement. Le fait de se déplacer rapidement est devenu une caractéristique de nos sociétés modernes. On y gagne chaque jour un peu plus de temps. L'avion a remplacé le bateau, la voiture, le vélo. C'est ainsi que les distances parcourues quotidiennement par l'homme s'allongent. On vit de plus en plus loin de son lieu de travail, la vitesse se substituant à la proximité. J'habite personnellement dans le sud de la France, près de la mer, et travaille pourtant à Paris. Je voyage beaucoup pour les différentes fonctions qui me sont confiées et, même si je supporte très mal, autant physiquement que psychologiquement, l'avion, je suis bien souvent contrainte à utiliser ce mode de transport polluant. Mais, autant que possible, je fais le choix du train.

L'accès aux transports creuse l'écart Nord/Sud. Alors que dans les pays en développement on aspire à avoir les mêmes facilités de transport que dans les pays riches, nous devons de notre côté résoudre le défi de répondre à la demande de mobilité tout en diminuant nos émissions de carbone. En France, par exemple, les transports sont responsables de 34 % des émissions de CO_2, dont la moitié est émise par les voitures individuelles. Notre challenge : aller vers des modes de transport plus durables pour réduire la pollution de l'air et limiter les effets sur le changement climatique.

Mais comment innover en termes de déplacement ? En repensant l'urbanisation ? En luttant contre la baisse de performance et la mauvaise régularité des transports en commun ? En s'inspirant, à grande échelle, des bus ultrarapides de Bogota, Pékin, Mexico ou Séoul ? Probablement. Ces « Bus à haut niveau de service » (BHNS) roulent sur une voie affectée à leur seule exploitation. Bénéficiant d'une priorité aux feux, ils trouvent leur inspiration dans le concept de Bus Rapid Transit (BRT) américain. Innovants, de grandes capacités, accessibles, confortables, non polluants, ils offrent des performances comparables à celles du tram avec une vitesse plus élevée et un coût de fabrication moindre. L'investissement nécessaire se situerait entre 4 et 10 millions d'euros par kilomètre d'infrastructure pour plus de 15 et 35 millions d'euros pour le tramway. Ce bus du futur efficace fonctionne à Curitiba, au Brésil. Il est utilisé par plus de 2 millions de passagers chaque jour et a profondément modifié la circulation urbaine. A Canton, en Chine, il transporte 800 000 personnes par jour et a été mis en place moyennant un investissement de près d'un dixième du coût du réseau de métro. En Argentine, ce mode de transport établit une jonction entre les deux gares ferroviaires situées aux extrémités de la ville, et permet ainsi de réduire de 40 % la durée du trajet entre ces deux points. A l'essai à Lyon, Nantes, Rennes, Lille ou Cannes, ce système est appelé, je l'espère, à se développer.

Il nous faut aussi encourager l'industrie audacieuse qui tente de mettre sur le marché des véhicules propres à des prix raisonnables. L'environnement doit devenir le socle de notre économie, non son ennemi. Lorsque l'on sait que 82 % des transports en France se font en automobile, les innovantes Bluecar (Autolib) de Vincent Bolloré doivent devenir le modèle à adopter. Selon les experts du Centre international de recherche sur le cancer (CIRC/IARC), qui dépend de l'OMS, on a maintenant suffisamment de preuves démontrant que les gaz d'échappement des moteurs diesel sont associés à un risque accru de cancer du poumon. Les spécialistes estiment que 42 000 décès seraient imputables chaque année aux particules fines émises par les moteurs diesel, rien qu'en France. La circulation en ville représente en effet plus de la moitié des kilomètres parcourus en France. Trois cent quatre-vingt-dix-huit milliards de kilomètres sont ainsi effectués pour des trajets souvent courts : 50 % des trajets en ville sont inférieurs à trois kilomètres et 15 % à cinq cents mètres. S'ajoute à cela le fait que nos automobiles consomment de 30 à 35 % de plus en ville sur les deux premiers kilomètres. Il est donc temps de passer à des solutions alternatives moins polluantes.

Pourtant, globalement, les ventes de voitures électriques en France, malgré les 4 milliards d'euros investis par Renault, n'ont pas dépassé 2 630 unités en 2011, soit 0,1 % des immatriculations totales de voitures. Quant aux infrastructures de recharge promises pour les voitures électriques, où sont-elles ? Acheter une voiture électrique reste donc très risqué. La voiture hybride existe, oui, mais elle n'est pas encore la solution idéale. Si elle peut, en effet, rouler en mode électrique en ville et sur des courtes distances, elle passe impérativement en mode thermique pour les trajets plus longs. C'est néanmoins une évolution, le leader mondial de ces voitures hybrides, Toyota, en a déjà vendu plus de quatre millions d'exemplaires dans le monde. Chez Opel, l'Ampera propose cette même avancée technique mais des efforts restent à faire. Qu'attendons-nous ? On entend souvent que le passage au transport « propre » ne se fait pas car il bouleverserait l'industrie automobile. Je pense au contraire que cela la pousserait à se réinventer. En 2013, la société française Power Vehicle Innovation (PVI) a présenté un système destiné aux bus électriques, avec l'objectif de leur permettre de bénéficier d'une autonomie illimitée grâce à des charges ultra-rapides réalisées à chaque arrêt (pendant les descentes et montées des passagers). Le dispositif de transfert d'énergie repose sur un « totem » intégré à côté de l'abribus existant. A chaque arrêt, le bus se connecte automatiquement (le support est équipé de batteries alimentées par le réseau basse tension) et le transfert d'énergie s'effectue en quelques secondes, permettant ainsi au bus de disposer de l'autonomie nécessaire pour atteindre la prochaine station. Sans émissions de polluants ni nuisances sonores, ce système permettrait d'économiser entre 800 et 1 200 tonnes équivalent CO_2 chaque année et près de 400 000 litres de gazole. L'expérimentation commencera en France fin 2013.

En outre, le consommateur doit pouvoir avoir accès à des modes de déplacement plus adaptés au double enjeu de la lutte contre la pollution de l'air et de la transition énergétique. Les biocarburants font déjà beaucoup parler d'eux. Produits à base de plantes, moins chers que l'essence, plébiscités par les pouvoirs publics comme substitut au pétrole, les agro-carburants de première génération font l'objet d'une politique de soutien active partout dans le monde. Apparu à la suite des chocs pétroliers des années 1970, l'éthanol, extrait du sucre de canne au Brésil et du maïs aux Etats-Unis, a semblé être une panacée. Le Brésil couvre ainsi aujourd'hui plus de 40 % de ses besoins intérieurs en carburant. Des voix s'élèvent cependant pour pointer du doigt ses impacts négatifs : manque de rentabilité, hausse des prix des denrées alimentaires et perte d'écosystèmes captant le CO_2. En effet, favoriser le biodiesel de soja, qui offre une réduction de 77 % d'émission de gaz à effet de serre, c'est oublier de prendre en compte le changement de sol : si on comptabilise chaque hectare de forêt tropicale transformé, un hectare de culture de biocarburants provoquerait quatre à cinq fois plus de gaz nocifs que le gasoil. Incorporer, d'ici 2015, 10 % de ces biocarburants dans le réservoir de nos automobiles, comme la loi de finance de 2006 s'y était engagée, ne semble donc pas à l'heure actuelle être la solution idéale. L'Union européenne a d'ailleurs décidé de plafonner la part des carburants de première génération à 5 % d'ici 2020.

La recherche sur ces combustibles du futur mobilise pourtant toujours une partie importante de la communauté scientifique. Les biocarburants de deuxième génération qui sont, eux, produits à partir de déchets, de rejets de végétaux, feuilles, tiges, sont peu gourmands en engrais et n'entrent pas en concurrence avec l'alimentation humaine. Selon l'Agence de l'environnement et de la maîtrise de l'énergie (ADEME), l'utilisation de ce carburant à base de fermentation de matières organiques animales ou végétales serait bien plus économe en énergie que le pétrole ou le nucléaire. Et même si la prudence est de mise, il semble que l'utilisation du biogaz ait un réel effet sur la réduction des gaz à effet de serre.

Autre point très positif : la valorisation des filières de recyclage comme celles des huiles usagées qui, une fois transformées, servent à produire ce carburant tout aussi intéressant économiquement qu'écologiquement. L'Association Roule Ma Frite fait ainsi rouler son véhicule utilitaire à l'huile recyclée sur l'île d'Oléron, où elle récupère quotidiennement les huiles de friture usagées des restaurants, snacks, campings, collèges, maisons de retraite ou particuliers. Chaque litre d'huile consommée pour le transport permet d'en collecter entre 50 et 60. Le liquide gras est traité dans un atelier artisanal avant d'être vendu aux adhérents 70 centimes contre plus de 1,50 euro le litre d'essence sans plomb.

La recherche se poursuit avec le projet de récolter à grande échelle les micro-algues. Ces végétaux unicellulaires qui se cultivent en eau douce ou salée possèdent beaucoup de lipides (jusqu'à 80 % de leur composition), ce qui leur confère un grand potentiel énergétique. Les algues sont cultivées sur des panneaux ou dans des tubes exposés à la lumière, pour optimiser la photosynthèse qui accélère leur croissance. Elles synthétisent des huiles qui, une fois extraites, sont traitées de la même manière que les huiles végétales traditionnelles. Leur rendement à l'hectare serait trente fois supérieur à celui du colza, et leur culture absorberait de grandes quantités de gaz carbonique, ce qui permettrait de recycler du CO_2 produit par les usines ou centrales thermiques sans « voler » de terres destinées à l'alimentation. C'est ainsi qu'en juin 2013, l'IFREMER a inauguré en Nouvelle-Calédonie le premier laboratoire calédonien d'étude des micro-algues. Dans cette même veine, une plante tropicale appelée *Jatropha curcas*, poussant en milieux semi-arides, pourrait également être exploitée. Une entreprise anglaise met actuellement des milliers d'hectares en culture en Chine, en Inde et en Afrique. En métropole, Salinalgue, mené par la Compagnie du Vent (GDF Suez), à Gruissan (Aude), constitue le plus important site français de valorisation énergétique de ces végétaux. Quatre bassins de 250 m^2 sont destinés à la culture d'une micro-algue locale, *Dunaliella salina*, acclimatée aux milieux salins. Se tourner vers ces carburants de substitution permet donc d'améliorer la qualité de l'air que l'on respire mais aussi de réduire notre dépendance liée à l'importation du pétrole. Par ailleurs, parce que les biocarburants sont produits localement, les usines de fabrication peuvent créer des emplois dans les zones rurales et donc stimuler l'industrie agricole.

Et pourquoi ne pas limiter encore plus nos émissions de dioxyde de carbone en mettant nos voitures sur des rails ? Pourquoi ne pas mettre sa voiture dans un train à Paris jusqu'à Marseille lorsque l'on souhaite passer ses vacances dans le Sud ? Le ferroutage fut l'un des engagements fort du Grenelle de l'Environnement. L'idée est de créer un véritable réseau d'autoroutes ferroviaires afin de pouvoir mettre nos camions sur les trains. Ce type de transport de marchandises est très développé en Suisse où il fonctionne très bien, rendant les vallées plus respirables que celles de ses voisins. Transporter nos marchandises sur de longues distances grâce aux chemins de fer et permettre ainsi au camion de n'effectuer que le trajet résiduel de la gare jusqu'à son lieu de livraison semble être une bonne solution pour désengorger les axes routiers, tout en limitant notre impact sur l'environnement et les accidents sur les routes. Mais ce n'est pas tout, car les ralentissements et autres embouteillages coûtent des milliards d'euros aux entreprises. Pour rester compétitif, il va donc bien falloir adopter des systèmes plus ingénieux. Ici encore économie peut rimer avec écologie.

Pourtant, ce n'est pas le cas aujourd'hui, des milliers de poids lourds sillonnent toujours la France. Le ferroutage, largement répandu en Europe pour les longues distances, comme entre l'Allemagne et l'Italie ou lors du transit des poids lourds à travers la Suisse, est sous-développé chez nous. L'urgence est d'aider massivement le développement du transport combiné (afin de mettre plus de conteneurs sur les trains), de développer les opérateurs ferroviaires de proximité (créer des PME ferroviaires pour desservir les territoires et les zones portuaires avec des organisations légères et adaptées). Il faut également développer le fret ferroviaire à grande vitesse entre les aéroports (utilisation des lignes à grande vitesse en dehors des heures de pointe pour le transport de marchandises) tout en améliorant la desserte ferroviaire des grands ports français (condition essentielle à leur développement). Ce type de transport plein d'avenir doit devenir une priorité, nos Etats doivent investir dans des infrastructures adaptées à son développement.

Six millions de camions traversent les Pyrénées chaque année, engendrant bouchons et pollution, nuisances chimiques et auditives. En 2004, la Commission européenne a établi une liste de trente projets prioritaires pour un réseau de transport transeuropéen. Un des dossiers prévoyait un axe ferroviaire entre l'Espagne et Paris ainsi qu'un tunnel de basse altitude à grande capacité d'environ quarante kilomètres dans les Pyrénées centrales. Tunnel qui permettrait d'acheminer des trains de marchandises, des voyageurs, mais aussi des camions et des cars de tourisme : un dossier qui reste malheureusement au point mort depuis. Aujourd'hui, la plus longue autoroute ferroviaire d'Europe, inaugurée en 2007, est celle qui court du Luxembourg jusqu'à Perpignan sur plus de mille kilomètres. La ligne a été empruntée, en 2011, par 50 000 unités de transport (semi-remorques et caisses mobiles), ce qui représenterait une économie de plus de quarante mille tonnes de carbone par an. Les promoteurs du projet espèrent que sur dix ans 10 % du trafic de cet axe empruntera la ligne de ferroutage. C'est ainsi que l'ouverture aux semi-remorques standards de l'Autoroute Ferroviaire Alpine, autant que la mise en service en 2012, par SNCF Géodis, du premier train commercial, long de huit cent cinquante mètres, sont des avancées importantes. L'objectif néanmoins, depuis le lancement du Grenelle, est d'atteindre 25 % de transports de marchandises alternatifs à la route en 2022.

En attendant la mise en place d'autres axes, les entreprises de transport routier de marchandises se sont massivement engagées dans une démarche de réduction de leurs émissions de CO_2. Leur volonté est de réduire leur consommation de carburant par l'amélioration technique des véhicules et de leurs équipements, en optimisant les flux et en formant les conducteurs lors de stages d'« éco-conduite » qui permettent de diminuer de 15 à 35 % la consommation d'essence.

Surveiller, scruter, contrôler, espionner l'horizon jour et nuit est devenu mon quotidien. Mon angoisse : percuter un objet flottant non identifié et couler à pic. De nombreux dangers, autres que ceux liés à la nature même de la mer, ponctuent fatalement ma route. Je suis, cher lecteur, a priori seule et éloignée de milliers de miles nautiques des côtes, sur une étendue liquide à première vue « déserte ». Pourtant le danger rôde. Les porte-conteneurs, cargos et autres géants des mers parcourent les océans. Ils voguent en maîtres des lieux, le regard sur le lointain, la fatigue plein les yeux et, à leur décharge, avec la difficulté qui consiste à repérer une embarcation cent fois plus petite que la leur. Mon voilier paraît bien misérable face à eux. Il faut donc veiller, même si parfois, épuisée par le rythme infatigable de la mer, on en devient fataliste dans l'espoir de grappiller quelques heures de sommeil.

Le mode de transport de marchandises le plus économique et le plus utilisé reste, n'en déplaise aux navigateurs solitaires, le transport par cargos. Quatre-vingt-dix pour cent du commerce mondial est transporté par voie maritime et pourtant cela ne représente que 2 à 4 % des émissions de dioxyde de carbone. Un seul porte-conteneurs de dix mille boîtes représente l'équivalent de cinq mille camions qui, pare-chocs contre pare-chocs, feraient une queue de cent kilomètres sur nos routes. Le trafic maritime s'est, au fur et à mesure de la mondialisation, intensifié. De plus en plus fiable grâce à une sécurité qui s'améliore sans cesse, il est économique et permet d'accompagner le développement des échanges avec les pays en pleine croissance comme la Chine ou l'Inde. A titre d'exemple, le coût du transport de 20 tonnes de marchandises de Shanghai au Havre est inférieur à celui d'un seul billet de passager en classe économique pour le même trajet. Nombreux sont les pays qui sont dépendants de ce mode de transport. Quatre-vingts pour cent du pétrole utilisé au Japon vient par bateau et c'est l'Asie qui détient le record de marchandises exportées par la mer, avec plus de 38 % du total mondial. Son coût est très attractif par rapport au transport routier, ferroviaire ou aérien. Le prix du transport d'un aspirateur fabriqué en Chine représente seulement 0,66 % de son prix de vente en France ! Les routes maritimes offrent donc une solution durable, c'est une véritable issue de secours au transport routier, menacé de saturation avec ses mille camions par heure qui entrent dans le territoire français et ce juste pour le traverser. Le transport maritime émet cinq à vingt fois moins de CO_2 que le transport routier et cent fois moins que l'aérien. Il faut savoir en effet qu'en 2000, le transport aérien a émis près de six cent cinquante millions de tonnes de dioxyde de carbone, soit plus de 11 % des émissions du secteur des transports. Pourtant, chaque année, plus d'un milliard et demi de personnes empruntent les navires à passagers dans le monde. Soit l'équivalent du transport aérien. Pour vous donner une idée, le transport d'un seul conteneur entre le Sénégal et Marseille n'émet pas plus de gaz à effet de serre que la suite de son transport entre Marseille et Lyon. Des données parlantes qui nous rappellent combien il est important de trouver une alternative au camion ou d'innover en termes de carburant propre.

Selon le Cluster Maritime Français, le poids du secteur maritime représente un chiffre d'affaires annuel de 1 500 milliards d'euros par an dans le monde, dont plus de 52 milliards (hors tourisme et activités portuaires) en France. L'Union européenne, en tant que première puissance économique maritime mondiale (40 % de la flotte mondiale sont contrôlés par des armateurs européens), a donc un rôle important à jouer pour que ces routes fréquentées par une majorité des cinquante mille navires du monde restent propres. En effet, du fait de son faible coût, d'une forte productivité et des volumes transportés, le transport maritime mondial a été multiplié par plus de deux en volume des années 1990 à nos jours. On estime que de huit milliards de tonnes aujourd'hui, on basculera encore au déplacement de plus du double d'ici 2020/2025. Notre économie repose sur une production en flux tendu, avec une réduction des stocks grâce à la fréquence des rotations des navires. Le bon fonctionnement du système dépend donc de la fluidité de ces échanges maritimes internationaux et, inévitablement, de la liberté de circulation en mer.

La mondialisation a entraîné une forte dépendance des pays à la sécurisation des principaux axes maritimes dont une grande partie passe par des détroits où la circulation peut être facilement interrompue. L'explorateur sir Walter Raleigh disait : « Celui qui commande la mer, commande le commerce et donc la richesse du monde. » Il est certain, et c'est la grande crainte de nos dirigeants, qu'une rupture en approvisionnement en énergie provoquerait un choc économique et politique. Le simple blocage du détroit d'Ormuz (vraisemblable en cas de conflit avec l'Iran) engendrerait selon les spécialistes une hausse de 50 % des prix du pétrole en quelques jours. Il nous faut donc sécuriser les routes stratégiques d'acheminement mais aussi diversifier nos sources d'approvisionnement en énergie. Très vulnérables face aux menaces terroristes et à la piraterie, nos routes maritimes doivent être protégées.

C'est ce qui explique aussi que les industriels se posent actuellement la question de l'ouverture de nouvelles voies maritimes, plus sécurisées. C'est dans ce sens qu'est d'ailleurs, malheureusement peut-être, envisagée la voie du pôle Nord. En 2008, pour la première fois, les passages du Nord-Ouest et du Nord-Est ont été simultanément libres de glace à plus de 90 % : un bouleversement climatique qui ne laisse pas de marbre les armateurs ! Utiliser cette voie à des fins commerciales semble possible à l'horizon de 2020, au moins pour quelques trafics particuliers. Qu'adviendra-t-il alors de ces régions du globe particulièrement fragiles en cas de marée noire ? Cette question reste négligée alors que de nombreux pays revendiquent leur souveraineté dans ces eaux très convoitées. Créé en 1996, le Conseil de l'Arctique regroupant le Canada, le Danemark, les Etats-Unis, la Finlande, l'Islande, la Norvège, la Russie et la Suède se réunit régulièrement pour discuter des règles à adopter en termes de sécurité écologique. Mais en attendant, le méthanier grec *Reka Ob* est devenu en novembre dernier le premier navire commercial à passer par la voie maritime du Nord, également appelée passage du Nord-Est, et en février 2013, le Président de l'Islande déclarait que l'ouverture de nouvelles routes maritimes à travers l'Arctique plaçait son pays au cœur du transport maritime mondial.

Ces questions de sécurité restent pourtant primordiales pour la survie de nos océans. Les accidents sont en effet aussi traumatisants pour l'opinion publique que pour le Grand Bleu. Il ne faut pas se voiler la face : la recherche de la rentabilité entraîne des risques pour les personnes, les navires, les cargaisons et l'environnement. Le nombre toujours plus grand de bateaux en circulation laisserait penser que la menace des marées noires s'amplifie. Pourtant, les efforts fournis par les « travailleurs de la mer » ont permis au contraire de faire diminuer les chiffres. Dans les années 1960, on dénombrait plus de dix accidents par semaine, aujourd'hui il y en a dix par an – les plus gros problèmes ne venant pas des porte-conteneurs mais des petits navires construits à la va-vite avec des équipages réduits et souvent dépassés par leurs tâches. Oui, c'est encore trop, je suis évidemment la première à le penser. Néanmoins, et c'est à peine croyable, les trois quarts des hydrocarbures qui polluent les océans viennent en réalité des fuites et de rejets depuis la terre. Ils sont les conséquences des pollutions urbaines entraînées par les eaux de pluie et des dégazages sauvages, volontaires, au large. Ces contaminations colossales, estimées à près de deux cent mille tonnes selon le WWF (organisation non gouvernementale internationale de protection de l'environnement), bien plus alarmantes que les marées noires dues aux naufrages de quelques navires, ont des conséquences désastreuses à la fois sur les écosystèmes, le secteur de la pêche et celui du tourisme. Ce manque de civisme et ces actes abjects visent directement l'emploi et l'économie de nos pays.

Alors oui, des efforts restent à faire. Même si une véritable révolution a déjà eu lieu : depuis l'accident de l'*Erika*, les armateurs ont non seulement œuvré pour l'amélioration des normes de sécurité et de la réglementation, le niveau et la rapidité de l'indemnisation des victimes, la responsabilisation des auteurs, mais également fait le choix d'anticiper les nouveaux enjeux environnementaux. Le milieu maritime est convaincu que le développement économique et la préservation de l'environnement sont complémentaires. L'essor croissant du trafic maritime ne peut qu'accentuer les efforts en ce sens, pour réduire les risques, éliminer les comportements inacceptables et mieux appliquer les règles existantes de sécurité.

L'Homme a souvent réagi et légiféré « à chaud », après les catastrophes écologiques. C'est en général la société civile qui fait bouger les politiques. Ainsi, il nous a fallu plusieurs catastrophes (*Torrey Canyon* en 1967, *Amoco Cadiz* en 1978, *Exxon Valdez* en 1989) pour qu'une série de conventions soient prises dans le cadre de l'Organisation maritime internationale (OMI). La plus importante d'entre elles, la Convention MARPOL sur la prévention de la pollution provoquée par les navires, a été adoptée en 1973. Les armateurs, français, en particulier, ont été des moteurs dans l'élaboration de ces règles. Ces différents textes concernent notamment l'instauration de mesures techniques vouées à améliorer la sécurité, telles que la suppression des navires à simple coque, le renforcement de la surveillance du trafic maritime, la formation des gens de mer, le système d'inspection des navires, la responsabilité civile des propriétaires de navires, l'optimisation des enquêtes après les accidents et l'indemnisation des victimes.

Sans oublier que depuis la décision de la Cour de cassation dans l'affaire de l'*Erika* qui avait souillé 400 kilomètres de côtes de la pointe du Finistère à la Charente-Maritime, la voie vers l'indemnisation de la dégradation de la nature s'élargit. La société TOTAL est condamnée à payer 200,6 millions d'euros de dommages et intérêts (dont environ 13 millions au titre de « préjudice écologique ») pour réparer les conséquences du naufrage de son navire. La loi devient également plus sévère contre les personnes physiques. Depuis 2008, elle tente de dissuader les acteurs peu scrupuleux : les rejets volontaires d'hydrocarbures exposent leurs auteurs à des peines pouvant aller jusqu'à quinze millions d'euros d'amende et dix ans d'emprisonnement. Bien sûr, il reste des progrès à faire. La pratique, par exemple, des pavillons de complaisance – où la législation est moins contraignante en termes de sécurité et de droit du travail – rend le combat difficile (40 % des navires japonais sont immatriculés au Panama).

Il y a aussi le problème des eaux de ballast. Les navires transportent en effet entre trois et cinq milliards de tonnes d'eau de mer de ballast qui contiennent près de sept mille espèces marines différentes qui sont libérées loin de leur lieu d'origine. Ces micro-organismes s'implantent alors ailleurs, détruisent la vie locale et bouleversent l'écosystème. Au début des années 1980, une espèce proche de la méduse, un cténophore d'Amérique, est introduite en mer Noire. Elle prolifère et mange tout le plancton disponible, les œufs et les larves de nombreux poissons. Les populations d'anchois et de harengs s'effondrent, le fruit de la pêche baisse de 90 % et on enregistre des centaines de millions de dollars de perte. On constate également une homogénéisation des mers sur le globe : 10 % des poissons sont aujourd'hui présents dans toutes les mers du monde. Par ailleurs, selon un rapport de l'Agence européenne de l'environnement, 15 % de toutes les espèces invasives recensées en Europe ont un impact négatif sur notre environnement ou notre économie – elles coûteraient plus de douze milliards d'euros par an à l'économie mondiale.

Les différents acteurs doivent prendre en compte ces bouleversements pour y remédier. Dans cette perspective, le groupe français DCNS, premier constructeur naval européen, vient d'être retenu par la Commission européenne pour piloter une mission d'étude destinée à atténuer l'impact du bruit généré par les transports maritimes sur la faune et la flore sous-marine. Elle permettra de préconiser des recommandations pour la conception des futurs navires militaires et civils ainsi que pour le contrôle du trafic maritime.

Partout, les réglementations peuvent encore être améliorées. Néanmoins, aujourd'hui, et même si je déteste rencontrer ces gigantesques bateaux en mer, il faut avouer que ce secteur prometteur est en pleine remise en cause. Je l'en remercie. Francis Vallat, le président du Cluster Maritime Français, vous le dirait mieux que moi : le transport maritime est actuellement l'un des modes de transport les plus sûrs et les moins polluants qui soient. S'il existe des voyous en mer, comme à terre, il faut les sanctionner !

Les mesures qu'il faudrait prendre rapidement

— Aider au développement des véhicules électriques et des aménagements nécessaires à leur utilisation.
— Diminuer nos déplacements et développer le télétravail.
— Equiper tous les ports de moyens pour recevoir les vidanges des cuves des navires afin qu'elles ne finissent pas dans la nature.
— Imposer que les eaux de ballast soient traitées avant d'être rejetées à la mer.

8

Non à la décroissance !

« Si nous prenons la nature pour guide, jamais nous ne nous égarerons. »
CICÉRON

Ça y est, c'est le départ ! Après plus d'un an et demi de préparation rigoureuse, je viens enfin de faire le grand saut. Du jour au lendemain, c'est la plongée brutale dans une vie dépouillée, pas toujours confortable, mais saine. Mon corps rechigne. Mes muscles refusent d'obéir. Le froid me glace immédiatement le dos. Ces premiers miles semblent avoir anesthésié ma volonté. Impossible de me souvenir pourquoi je me suis mise dans une galère pareille. L'océan n'a pas besoin de moi, les prochaines semaines vont me le rappeler. Il va me falloir m'adapter. Je découvre de nouveaux repères. Ne pas dormir plus de vingt minutes, être toujours trempée, ramper comme un animal sur le pont de mon bateau lorsque les bourrasques de vent m'interdisent tout autre déplacement, tenir quand la fatigue me pique les yeux : j'apprends à vivre en mer. L'océan m'enseigne à distinguer le superflu de l'essentiel. L'indispensable prend alors tout son sens : ce seront mon bateau, mon dessalinisateur et mes sachets de nourriture lyophilisée. Le reste, que les choses soient claires, il faut le trouver en soi.

Ils se font appeler les « objecteurs de croissance » et s'inquiètent d'une vision pro-technologie innovante et autres progrès techniques qu'ils considèrent comme « incontrôlables ». Ils prônent une vie frugale pour rétablir l'équilibre avec les pays du Sud. Opposés au développement actuel de nos sociétés, ils aspirent à une vie plus simple, plus proche de la nature, sans téléphone portable, ni voiture pour certains. La consommation est pour eux une vulgaire jouissance ; le progrès est une notion vide de sens. Le cœur même de notre système économique serait pourri. N'en jetez plus, on a compris. Certains écolos prêchent encore la décroissance.

Mais tout est-il bon à mettre aux ordures ? Bien sûr, il faut plus de liens et moins de biens. Et oui, je suis d'accord, il faut privilégier la qualité par rapport à la quantité. Mais les autres ? On leur dit quoi, aux pays en voie de développement ? On leur annonce comment, aux millions d'Africains, d'Indiens ou de Chinois que l'énergie que nous avons gaspillée et les ressources que nous avons surexploitées, il n'y en a plus pour eux et que si, par mégarde, ils y avaient accès, il ne faudrait pas y toucher car cela réchauffe la planète ?

Si tout le monde consommait comme les Français, il faudrait trois planètes pour assouvir les besoins de chacun. Oui, nous vivons dans un monde « fini ». Les ressources naturelles diminuent, nous devons donc aller vers une transition énergétique et la valeur de la biodiversité doit être prise en compte. Mais de là à vivre sans argent et à baser toute notre économie sur le troc... Ne serait-il pas possible de s'enrichir sans piller ? D'exploiter sans détruire ? De consommer sans dégrader ?

Je ne suis pas de ceux qui pensent que la décroissance est le seul moyen de s'en sortir. Au contraire, je suis persuadée que l'innovation technologique nous permettra d'anticiper face aux nombreux défis que nos civilisations ont à relever. Il ne faut pas produire moins mais produire mieux, autrement. Oui, il faut passer du jetable au durable, mais sans oublier que des milliards d'êtres humains aspirent au même confort que nous. La croissance c'est aussi et avant tout, ne l'oublions pas, des emplois, la création d'écoles, l'accès à l'eau, à la nourriture, des soins pour tous, etc. Nous faisons partie d'un ensemble, ce qui est fait au Nord à des répercussions au Sud et inversement. L'urgence n'est donc pas tant d'empêcher un développement tout aussi inévitable que naturel, mais plutôt d'inventer des solutions efficaces pour que ces pays en mutation puissent avoir « durablement » (c'est-à-dire en minimisant l'impact sur l'environnement mondial) accès aux mêmes facilités que nous.

Oui, c'est indéniable, l'ère du pétrole voit sa fin arriver, une nouvelle forme d'économie doit naître. Ça tombe bien, elle existe : la bioéconomie, un système dans lequel les biotechnologies assureront une part substantielle de la production économique. L'objectif est que notre développement prenne en compte la « finitude » et les capacités de régénération du monde vivant. Le terme « bioéconomie » désigne une économie fondée sur l'utilisation rationnelle des ressources biologiques et renouvelables de la terre et de la mer. C'est ainsi qu'en février 2013, la Commission européenne a annoncé la création d'un Observatoire de la bioéconomie. Le professeur et économiste René Passet, dans son ouvrage *L'Economique et le Vivant* (Payot, 1979), développait déjà ce concept dans les années 1970, expliquant qu'il fallait intégrer les cycles biologiques à notre raisonnement économique afin de ne pas « dépasser » le rythme de la nature, encourager l'innovation, restaurer les écosystèmes sous pression, remplacer les énergies fossiles par de la biomasse ou encore améliorer le rendement des cultures ou des zones de pêche. Cette nouvelle économie doit prendre en compte les interactions entre l'humain et la géochimie de notre planète. Partout les biotechnologies offrent des solutions techniques fascinantes capables de résoudre nombre de problèmes liés à la santé, aux rendements agricoles, aux processus industriels, à la protection de l'environnement auxquels notre monde est confronté. C'est ce que confirme un rapport de l'OCDE, daté de 2009, intitulé « La bioéconomie à l'horizon 2030 : Quel programme d'action ? ». Dans le secteur de la santé, les principales applications des technologies innovantes concernent notamment la thérapeutique, le diagnostic, la pharmacogénétique visant l'amélioration des pratiques de prescription. Dans l'industrie, les procédés biotechnologiques sont appliqués à la production de produits chimiques, de plastiques et d'enzymes, ou dans le secteur de l'environnement aux techniques de biodépollution et aux biocapteurs, méthodes visant à réduire les effets ou les coûts environnementaux de l'extraction des ressources naturelles. La Commission européenne estime que la bioéconomie pèse aujourd'hui plus de 2 000 milliards d'euros et emploie près de 22 millions de personnes en Europe.

Pas une seconde, l'idée de « vaincre » l'océan ne me passe par la tête. Ma seule prière est qu'il me laisse passer. Avec du travail, de la rigueur, de la persévérance et un peu de chance, on vient à bout de tout, non ? Mon point de départ s'est éloigné. Je vis avec la mer, au sens propre du terme. Elle est partout. Dehors comme dedans. Les déferlantes finissent souvent leur course au pied de ma cellule de vie. Cela fait trois jours que j'ai quitté les côtes et, de mon duvet à mes cartes marines, tout est humide. Il ne va pas falloir traîner. Mon voilier tangue, roule, s'agite sans discontinuer. Ce matin, comme pour me faire oublier ces pénibles premiers jours seule en mer, des nuages immaculés se penchent comme des infirmières sur mon voilier. Après mon acclimatation difficile, ce ciel dégagé agit comme un baume. Le soleil me rassure enfin. Mon corps se libère de sa gangue. Le vent plus doux aujourd'hui chasse la poussière de mes yeux. Le superflu n'a pas sa place ici. L'océan a beau être une immensité désertique, je ne m'y suis jamais sentie aussi perdue et esseulée que lorsque je me trouve au milieu d'une foule ou dans un train bondé.

Le développement de nouvelles technologies est donc bien la voie de l'avenir. Pardonnez-moi si je me répète, mais énergies, nourritures, terres rares : l'avenir économique de la France est en mer, merveilleuse source de « technologies bleues ». Alors que le président François Hollande, en mai 2013, envisage un plan d'investissements d'avenir sur dix ans, de 10 à 12 milliards d'euros, concernant le numérique, la transition énergétique, la santé, les grandes infrastructures et, d'une manière générale, les nouvelles technologies, on ne peut que plaider pour qu'un effort particulier soit fait en faveur du secteur maritime.

On ne connaît à ce jour que 230 000 espèces. Les découvertes faites n'en sont pas moins exceptionnelles. Treize chercheurs ont été récompensés du prix Nobel grâce à leurs recherches sur l'océan. Les découvertes sont aussi nombreuses que fascinantes : on a compris la prolifération des cellules cancéreuses suite aux travaux d'Elie Metchnikoff (prix Nobel en 1908) sur l'étoile de mer. Le cœur de la baleine à bosse répond à un système nerveux particulièrement sophistiqué qui devrait pouvoir inspirer les pacemakers de demain. Le venin des coquillages tropicaux posséderait des propriétés antidouleur et antiseptiques. On sait maintenant, grâce à Alan Hodgkin et Andrew Huxley (prix Nobel en 1963), que le nerf du calamar est mille fois supérieur au nerf humain. En 1980, E. Kandel reçoit le Nobel pour ses travaux sur les bases moléculaires de la mémoire grâce à une petite limace de mer, qui lui a permis de découvrir de très importantes protéines et des connexions neuronales fondamentales lors de la mémorisation : des applications possibles pour le traitement de la maladie d'Alzheimer. Le hareng a été utilisé pour créer la trithérapie (AZT) pour lutter contre le sida. Ce sont aujourd'hui plus de 22 000 médicaments qui proviennent de la mer, des anticancéreux, des antibiotiques, des antiviraux, des régénérateurs osseux.

Le rythme, pourtant, des disparitions en termes de biodiversité s'accélère : selon Gilles Bœuf, il est entre 600 et 1 000 fois plus rapide que le rythme « naturel attendu ». Les scientifiques estiment que ce sont plus d'un million d'espèces qui vont disparaître à l'horizon 2050 (uniquement à cause du réchauffement climatique). Alors comment allons-nous concevoir de nouveaux médicaments à partir d'espèces disparues?

Certains rêvent de créer un homme nouveau, capable de boire de l'eau polluée, de respirer un air vicié et de se nourrir uniquement de gélules. Voulons-nous en arriver à cet extrême ? L'idéal serait plutôt de privilégier la recherche, la bioinspiration ou biomimétisme, non ? Cette démarche pluridisciplinaire qui consiste à étudier, pour les reproduire afin de résoudre nos problèmes, les modèles de la nature est une source infinie de solutions.

La biodiversité et l'incroyable variété des écosystèmes, au-delà de toutes les émotions qu'elles nous procurent, ont une valeur que l'on tente aujourd'hui de mesurer. L'article publié par l'économiste américain Robert Costanza en mai 1997 dans la revue *Nature* a permis de déterminer que les écosystèmes marins de l'ensemble du globe avaient une valeur, en termes de services rendus à l'humanité, de près de 20 000 milliards de dollars par année (dont 12 000 milliards pour les milieux côtiers comme les estuaires ou les récifs coralliens). Des chiffres qu'il faudrait probablement aujourd'hui réviser à la hausse. Le potentiel en biodiversité marine est tout aussi riche que mal connu, mais il est surtout précieux pour l'Homme. Les exemples mettant en lumière leur exemplarité sont si nombreux. Capable de s'adapter à des milieux très hostiles et particulièrement atypiques comme les sources hydrothermales avec des températures pouvant aller jusqu'à près de 100 degrés, les micro-organismes marins développent des molécules très prometteuses pour l'industrie. Grand spécialiste de la biodiversité, le président du Muséum d'histoire naturelle, éminent biologiste, membre du Collège de France, Gilles Bœuf, m'a fait aimer ces bactéries comme des sœurs. Il aurait tort de s'en priver, lorsque l'on sait que certaines, très ressemblantes à celles composant l'organisme humain, pourraient « réparer » et reconstituer l'ADN détérioré.

L'application aux hommes des solutions inspirées des richesses de l'océan semble être sans limites. Seul 1 % de la biodiversité microbienne marine serait aujourd'hui répertorié. L'effort de recherche doit donc être soutenu, mais la réglementation va également devoir s'adapter. En effet, il faut savoir que le système des brevets industriels est très mal ajusté aux savoirs ancestraux qui se transmettent quasi exclusivement par l'oral. Pour déposer un brevet, il faut d'abord et avant tout prouver que cette technique ou cette propriété n'ont pas déjà été découvertes. Or il est évident que les agences qui accordent ou non ces actes se basent sur des écrits. Heureusement, des initiatives émergent pour référencer cette merveilleuse culture. En Inde, deux cents chercheurs travaillent depuis 2001 à compiler tous leurs savoirs médicaux traditionnels dans une bibliothèque numérique. Cette dernière comble le fossé linguistique entre la connaissance exprimée dans des langues comme le sanskrit, l'arabe, le persan, l'ourdou ou le tamoul et celles utilisées par les examinateurs de brevets. C'est ainsi que, selon l'Organisation mondiale de la propriété intellectuelle (OMPI), plus de 2 260 000 traitements médicamenteux traditionnels indiens ont été consignés et protégés. Des industriels de la cosmétique comme la marque Clarins s'engagent et veillent eux aussi à la préservation de cette science.

Il est fabuleux que la nature nous fournisse gratuitement, depuis toujours, des solutions pour notre avenir. Les biomiméticiens, ces chercheurs d'avenir, explorent sous toutes les coutures la nature pour comprendre son fonctionnement et s'en inspirer pour trouver des réponses à nos problèmes. Selon le rapport The Economics of Ecosystems and Biodiversity (TEEB, 2010) mené par Pavan Sukhdev, les coûts pour la société de la perte cumulée de bien-être liée à la dégradation des écosystèmes et de la biodiversité s'élèveraient à quatorze mille milliards d'euros d'ici 2050. Et 80 % de cette perte en nature affecteraient directement la subsistance et la vie quotidienne des 3,2 milliards d'humains vivant avec moins de deux dollars par jour. L'environnement et ses prouesses sont donc plus que jamais le secret de notre survie. De l'élégance des formes à l'économie de matériaux, en passant par le biorecyclage et l'incroyable solidité des créations naturelles, il y a tant à découvrir autour de nous... L'homme prend chaque jour modèle sur l'environnement pour inventer le monde de demain, nous observons et copions sans relâche la Terre.

Au XVIIIe siècle déjà, on s'inspirait des proportions du chêne pour construire les phares, large en bas, puis s'affinant avant de s'épaissir à nouveau en haut afin d'être plus résistants. Léonard de Vinci a imité les ailes des chauves-souris pour inventer ses machines à voler. En Antarctique, il existe un poisson qui produit un antigel pour éviter à son sang de se figer et c'est cette protéine que les chercheurs étudient actuellement pour conserver les tissus ou organes dont le but est d'être transplantés. On analyse le rat-taupe qui développe un mécanisme anticancéreux étonnant que l'on ne retrouve ni chez la souris, ni chez le rat et qui ouvre des perspectives pour la lutte contre le cancer chez l'homme. Des plantes dites « hyper accumulatrices » sont utilisées pour décontaminer les sols pollués par des métaux comme le nickel, le cuivre, le plomb ou l'arsenic. En Chine, on a fait des essais sur la culture du maïs en y associant une plante susceptible d'absorber les teneurs en cadmium très présent dans le sol de cette région et les résultats sont concluants.

L'art s'accorde, lui aussi, bien souvent à la nature. Olivier Messiaen, l'un des plus grands compositeurs du XXe siècle, était aussi un grand ornithologue. Une grande part de ses œuvres trouve son origine dans les chants des oiseaux. Dans le secteur de la bijouterie, l'homme s'inspire des animaux, utilise les plumes, les écailles et les carapaces. La poésie raconte la diversité de la nature. Chez les peintres, Arcimboldo représentait la biodiversité des fruits et des plantes dans ses toiles symbolisant les saisons sous forme de portraits. A la Renaissance, des artistes se sont rapprochés des agronomes pour échanger sur la richesse de la nature et ses bienfaits pour les hommes. Au Japon, la culture de riz de différentes couleurs (du jaune au noir) permet à des rêveurs de fabriquer des œuvres (portraits et scènes de vie) qu'il faut admirer de très haut.

On a observé que des oiseaux permettent de limiter l'utilisation de pesticides, comme en Jamaïque dans la culture du café, où les volatiles évitent l'invasion des rongeurs. Parfois, ce sont les plantes elles-mêmes qui régulent certains phénomènes, comme les légumineuses qui enrichissent le sol en molécules azotées et permettent ainsi de limiter l'utilisation d'engrais. En Chine encore, dans la province du Yunnan, on mélange différentes variétés de riz dans les rizières pour éviter les pesticides et fongicides, et combattre les maladies. La gestion des forêts grâce à la dispersion des graines réalisée par les oiseaux est estimée à plus de cinq mille euros par hectare. Les geais plantent ainsi près de cinquante mille glands à l'hectare chaque année.

Les barrages hydroélectriques sur les rivières qui ont besoin de débits réguliers pour fonctionner vont être aidés par le végétal. Des chercheurs chinois ont ainsi travaillé sur le rôle des plantations sur le bassin versant, l'idée étant d'évaluer le rôle économique d'une couverture végétale permanente comme des arbres ou des prairies. Ils ont constaté que ces plantations permettent d'étaler les crues hivernales et de restituer plus lentement l'eau des pluies aux rivières. Les débits faibles de l'été sont ainsi augmentés. Le supplément en production électrique est de 170 kWh par hectare de forêt et par an. Un bénéfice important.

Les secrets de la nature sont nombreux et ses « créations » parfois plus résistantes et plus efficaces que les nôtres. Le Velcro s'inspire des crochets agrippants de certaines graines. Nous imitons les termitières pour améliorer nos systèmes de climatisation. Nous tissons nos câbles d'acier à l'image des toiles d'araignées. Les palmiers ont inspiré les colonnes des temples égyptiens. Les Inuits ont toujours fabriqué leurs igloos en s'inspirant des tanières des ours et ce sont les guêpes qui ont appris aux Indiens à fabriquer leurs maisons en briques de terre crue séchées au soleil, le meilleur moyen de se protéger du soleil. La nacre des huîtres et des ormeaux est plus résistante que le Kevlar. L'informaticien Craig Reynolds étudie les groupes d'oiseaux, comme on observe les essaims d'abeilles ou les fourmilières, pour améliorer nos programmes informatiques. Il modélise leurs allées et venues comme une multitude de codes conduisant à la réponse au problème posé et analyse les interactions entre les différents membres du groupe. Cela fait penser au fonctionnement d'un ordinateur.

Au IVe siècle déjà, on découvrait combien les nids des abeilles sont une figure géométrique parfaitement pensée. En effet, cette forme hexagonale permet tout à la fois de consommer un minimum de matière tout en stockant le plus de miel possible. On a reproduit cette technique de l'alvéole pour paver les rues, construire nos maisons, des avions, ou des bateaux pour les rendre plus résistants.

Depuis près de 3,8 milliards d'années, la vie s'est pour ainsi dire perfectionnée sur la planète. Elle s'est adaptée aux aires glaciaires, aux déserts, aux pluies diluviennes, à l'altitude mouvante de nos montagnes et à la profondeur de nos océans. C'est ainsi que, de la photosynthèse à une agriculture qui produit ses propres moyens de lutter contre les invasions, en passant par le pouvoir soignant des plantes, nous pouvons tirer profit de notre environnement naturel.

Selon Albert Einstein, si l'abeille venait à disparaître, l'humanité n'aurait plus que quatre ans à vivre. Même si cette théorie a été contestée, il n'en demeure pas moins que ce sont ces hyménoptères qui pollinisent nos cultures. De nos arbres à nos champs, 75 % des espèces servant à notre alimentation sont dépendantes des pollinisateurs. Les abeilles sont des pollinisatrices parfaites. Pures merveilles de la nature, ces insectes peuvent battre des ailes quatre cents fois à la seconde, ont un petit corps mais des milliers de soies pouvant piéger une incroyable quantité de pollen, des capteurs olfactifs ultraperformants et une trompe super-efficace pour aspirer le nectar des fleurs. Selon des chercheurs de l'Institut national de la recherche agronomique, la facture mondiale, si nous n'avions plus de pollinisateurs, serait de 153 milliards par an, soit 9,5 % du chiffre d'affaires agricole planétaire. En Israël, 60 % des abeilles manquent à l'appel. Une catastrophe qui s'explique principalement par le butinage des pesticides, les parasites et le stress. En Chine, pour les mêmes raisons, dans la province du Sichuan, les poiriers, dont la culture est ancestrale, doivent désormais être pollinisés à la main. Le travail est fastidieux et le coût en main-d'œuvre énorme. Aux Etats-Unis, des économistes ont estimé le coût de ce travail par l'homme à plus de 90 milliards de dollars par an si les abeilles venaient à disparaître. Pour assurer notre survie, partout dans le monde, des chercheurs, des instituts, des entrepreneurs réfléchissent à des solutions permettant à la fois un développement économique tout en préservant notre environnement. Soutenir la recherche, orienter les investissements vers l'étude de la biodiversité, en particulier dans le secteur marin qui est souvent oublié, sont une priorité. Les idées nouvelles émergent, encore et encore.

En 2013, la Commission « Innovation 2030 », présidée par Anne Lauvergeon, a été mise en place pour répertorier et valoriser les innovations françaises qui créeront demain de la valeur et des emplois sur notre territoire. En Bretagne, Remy Lucas, ingénieur à Saint-Malo, a trouvé le moyen de produire du plastique avec les algues brunes de sa région. Une innovation majeure qui permet à la fois de créer un produit biodégradable et de ne plus utiliser de pétrole. Au XIXe siècle, les goémonières ramassaient déjà les algues avant de les répandre dans les champs comme engrais, aujourd'hui grâce à une technologie complexe l'avenir du plastique doit compter sur ces plantes marines. Le ministère de l'Energie américain a investi 10 millions de dollars dans ce domaine et en France, 12 millions d'euros ont été accordés à un collectif d'une cinquantaine d'industriels, PME et instituts de recherche pour plancher sur la question.

A l'inverse de la décroissance, je suis pour une croissance réfléchie, une nouvelle forme de développement, plus raisonnable et économe, plus aboutie. L'économie circulaire apparaît comme l'une des solutions. Elle est par définition une révolution, comme la Terre fait la sienne chaque année autour du Soleil. C'est plus qu'une économie, c'est un cap, une vision, une espérance d'un « mieux vivre » et « mieux produire » ensemble sur notre planète. L'économie circulaire ne se contente pas de recycler, elle régénère. Elle s'inspire des écosystèmes pour produire sans détruire, pour métamorphoser nos déchets et reproduire de la matière sans puiser dans nos réserves. Aujourd'hui, notre système repose sur la fabrication de marchandises sans réelle valeur parce que non durables. Or l'obsolescence programmée d'une grande partie de nos produits n'est plus acceptable car elle représente une menace grave pour les générations futures. L'économie circulaire est un mélange de technologie et de philosophie, un concept à la fois économique, écologique et social. Ce modèle de développement a déjà été adopté en Allemagne, au Japon et en Chine. Réutiliser ou transformer plutôt que jeter. Exploiter les déchets pour limiter l'utilisation des ressources naturelles. Partager, prêter, échanger plutôt que consommer toujours plus. Le débat s'ouvre pour repenser le cycle de vie d'un produit mais aussi son éco-conception. Nous devons nous diriger vers ce type de système alternatif, sans pour autant freiner nos efforts pour réduire nos émissions de gaz à effet de serre. C'est ainsi que le ministère de l'Ecologie a ouvert en juin 2013 « la perspective d'une loi-cadre » pour poser en France les principes de cette économie et repenser notre actuel « extraire-fabriquer-consommer-jeter » en veillant au contraire à utiliser chaque déchet comme ressource pour produire un autre produit. On associe généralement l'apparition de ce cercle vertueux au concept « Cradle to Cradle » conceptualisé au début des années 2000 par Michael Braungart et William McDonough. Ainsi, la ville de Guiyang, en Chine – 3 millions d'habitants –, a investi près de 2 milliards de dollars dans le développement de 255 projets inspirés de l'économie circulaire. Cette ville du sud du pays qui a bâti sa richesse sur l'extraction minière ne connaît plus depuis 2003 aucune pluie acide. De quoi réfléchir, non ?

Alors, comme dirait mon ami Serges Orru, ancien directeur du WWF France : « L'intelligence collective, c'est l'énergie renouvelable de l'Humanité. » Ainsi soit-il !

Les mesures qu'il faudrait prendre rapidement

– Investir dans la recherche fondamentale et finalisée, et ce particulièrement dans le secteur maritime.
– Imposer les principes de l'économie circulaire à l'ensemble de nos entreprises.
– Intégrer dans tous les calculs économiques la valeur des services rendus par l'environnement.

9

5 500 kilomètres de littoral français à préserver

> « Il n'y a pas de réussites faciles ni d'échecs définitifs. »
>
> Marcel PROUST

En quelques secondes, comme un arbre frappé par la foudre, dans un bruit d'écrasement de tôles, le mât de trente-deux mètres de mon voilier s'écroule. Abattu par une rafale de trop, victime d'un énième coup de hache des mers du Sud. Passé à quelques centimètres à peine de ma tête. J'ai juste le temps de m'aplatir dans le fond du cockpit pour lui échapper. Sonnée, je ne suis maintenant plus que sur une coque en aluminium à la dérive dans l'océan Indien. Le cap Lewin se trouve derrière, les côtes de l'Australie sont à plusieurs jours de navigation. Hagarde, je titube sur le pont vide de son gréement. Tout cela n'a plus de sens. Je m'affaisse et pleure cette injustice. Sous mes yeux désemparés ce ne sont plus que des débris de carbone, des voiles déchirées, des haubans tendus à se rompre, des cordages arrachés et, en travers du bateau, comme une branche morte, la bôme, seule rescapée du massacre. Le vent souffle encore. Ce qu'il reste de mon voilier part en crabe vers le nord. La nuit tombe alors comme un châtiment. Une partie du mât, encore accrochée au bateau, cogne comme un butoir contre la coque. J'ai un goût métallique dans la gorge. L'estomac retourné, les yeux gonflés. Terrorisée à l'idée de devoir sauter dans mon canot de sauvetage, je m'apprête à faire face à ce qui restera le pire souvenir de mon tour du monde.

A des milliers de kilomètres de moi, le littoral, les côtes tant espérées suffoquent elles aussi. Et les conséquences sur l'Homme ne sont pas négligeables. Les écosystèmes marins près des rivages, ressource alimentaire précieuse pour de nombreux pays, sont aujourd'hui à l'asphyxie. Affectées par la quantité trop importante de sédiments apportés par le lessivage des sols par les eaux de pluie, par les pollutions, le bétonnage et autres remblais, les côtes sauvages disparaissent. En Afrique de l'Ouest, l'érosion des terres fait reculer les plages de près de six mètres par an au Ghana et de plus de trente mètres au Nigeria. Une dégradation entraînant inévitablement une diminution du tourisme, pourtant première source de revenus de ces pays en développement. Sans parler des conséquences sur la santé des populations. La pollution des eaux côtières engendre en effet bon nombre d'épidémies. L'OMS nous alerte avec le chiffre de cinquante à cent mille décès par an qui seraient dus à la consommation de produits de la mer contaminés.

L'impact est également direct sur l'économie. L'Unesco estime que la dégradation des eaux côtières coûterait plus de douze milliards de dollars par an. Avons-nous besoin de ces dépenses supplémentaires ? N'est-il pas l'heure de prendre des mesures efficaces pour la préservation de ces espaces particulièrement fragiles ? En Polynésie française, la culture de la perle nécessite une qualité d'eau exemplaire. La clarté de cette dernière et la bonne santé du plancton dans le lagon sont vitales. Cela permet de générer plus de cinq mille emplois et c'est le deuxième secteur d'activité après le tourisme.

Partout à travers le monde, malgré les préconisations énoncées dans la convention de Washington de 1995, on constate toujours un manque cruel de stations d'épuration efficaces. Près de 90 % des eaux usagées mondiales sont rejetées à la mer sans avoir subi aucun traitement. Les conséquences sont nombreuses, entre autres sur les eaux de baignade. Au Liban, selon l'enquête menée par le mensuel *Environnement et Développement*, sur dix-huit points de baignade testés sur le littoral, presque la moitié sont infréquentables en raison du fort taux de colibacilles d'origine fécale. A Marseille, malgré un centre de traitement ultra-performant qui a coûté plus de deux cents millions d'euros, on retrouve encore dans la mer des pesticides, des hydrocarbures et des bactéries issus des eaux usées.

Nous faisons partie d'un tout. Tant que tous les Etats du pourtour méditerranéen n'auront pas adopté suffisamment de systèmes efficaces, les eaux resteront menacées. Heureusement, des efforts sont faits pour que les choses s'améliorent. Certaines communes ont d'ailleurs choisi de l'afficher en prétendant au label Pavillon Bleu. Ce label présent dans quarante-six pays garantit que les communes surveillent la qualité de l'eau et mettent en place des dispositifs pour éviter les différentes sources de pollution (poubelles de tri, sanitaires, etc.). Il permet de sensibiliser et de motiver les collectivités locales ou les gestionnaires de port de plaisance afin qu'ils prennent en compte le critère « environnement » dans leur politique de développement économique et touristique.

Lors de la tournée estivale des plages que réalise ma Fondation depuis plusieurs années, nous allons, ville après ville, à la rencontre des enfants en vacances pour leur parler de la richesse de notre littoral. Faire comprendre que la plage est un milieu vivant à préserver est selon moi le moyen de pousser nos futurs décideurs à respecter nos rivages. En France, l'attrait des côtes a commencé après la Seconde Guerre mondiale. On recherche alors l'évasion et la liberté qu'inspirent l'océan et la mer. Des maisons sont construites un peu partout sur le littoral. Le sud du pays attire particulièrement les foules. Des immeubles sortent de terre alors que les réglementations ne sont pas encore bien établies. Le littoral se transforme à la va-vite.

Aux quatre coins du globe, des habitats sauvages sont ainsi détruits. Prenons l'exemple de la mangrove. Située dans cent vingt-quatre régions littorales marines tropicales, cette forêt à feuilles persistantes et tolérantes au sel constitue non seulement une réserve essentielle en matières premières (bois, fourrage, plantes médicinales, miel, etc.), en biodiversité et en abris naturels, mais aussi et avant tout une zone protégeant les hommes contre l'érosion, les inondations ou encore les cyclones. Un rapport de l'Organisation des nations unies pour l'alimentation et l'agriculture fait état de la disparition de 50 % des mangroves en près de cinquante ans. Parmi les régions les plus atteintes : l'Asie, avec plus d'un million neuf cent mille d'hectares détruits, l'Amérique du Nord et l'Amérique centrale avec près de six cent quatre-vingt-dix hectares, et enfin l'Afrique avec cinq cent dix hectares. Le rapport explique ces chiffres notamment par l'élévation de la pression démographique. Aujourd'hui deux tiers de la population mondiale vit en effet à moins de soixante kilomètres du littoral.

Des activités portuaires gourmandes en espace à la présence de câbles sous-marins, en passant par les extractions de matériaux, le tourisme, l'urbanisme galopant, les zones côtières subissent de fortes pressions. L'évolution des modes de vie a entraîné une consommation d'espace de plus en plus rapide. On parle d'« artificialisation » des terres. Tous les sept ans l'équivalent d'un département français disparaît sous l'effet de cet étalement urbain massif. Partout dans le monde, on développe des zones économiques en périphérie des villes, des infrastructures de plus en plus grandes, et on grignote sur les terres agricoles. La raréfaction des espaces naturels et cultivables entraîne des répercussions sur le cycle de l'eau. Les sols ne jouent plus leur rôle d'atténuateur de crue en cas de fortes pluies.

L'urgence est donc de mettre en place une meilleure gestion des espaces côtiers. Les autorités publiques locales doivent en premier lieu faire respecter les normes environnementales en matière d'urbanisme. En second lieu, il est indispensable d'évaluer en amont les impacts environnementaux des activités polluantes et des constructions sur le littoral afin de les atténuer. Le développement des secteurs économiques clés, à savoir le tourisme, l'industrie et l'agriculture, se doit d'intégrer des aménagements innovants, plus « durables » et plus respectueux de l'environnement. Les ports français ont une accessibilité nautique d'envergure. Ils peuvent accueillir les plus grands navires avec des infrastructures de qualité. Le trafic maritime européen ayant augmenté de 60 % en dix ans, les ports sont devenus des points de passage ultra-performants. Ils ont une forte valeur ajoutée grâce à la transformation de certains produits, aux facilités financières dans les zones franches, à des méthodes d'emballage innovantes, etc. Il n'est donc pas question de limiter les zones industrielles ou portuaires, mais bien de veiller à l'équilibre écologique dans ces zones. Toutes les activités humaines littorales ou en mer pouvant générer des pollutions, involontaires ou volontaires – le blanchiment des récifs coralliens témoigne de la recrudescence de déversements en produits chimiques –, doivent être développées avec la conscience que préserver ces milieux permet aussi d'assurer notre survie économique. Heureusement les efforts sont en cours !

C'est dans ce contexte que la loi littorale visant à encadrer l'aménagement des côtes pour les protéger des excès de la spéculation immobilière a été votée à l'unanimité par le Parlement en 1986. Elle permet notamment le libre accès aux sentiers côtiers et aux espaces naturels remarquables pour leurs qualités paysagères, naturelles et culturelles, qu'elle rend inconstructibles. Quatre-vingt-quatorze pour cent des Français sont favorables à cette législation et près de 53 % d'entre eux, selon un rapport du ministère de l'Ecologie, estiment que l'état du littoral s'est amélioré ces trente dernières années. Cette loi s'applique aux communes riveraines des mers et des océans, des étangs salés, des plans d'eau intérieurs d'une superficie supérieure à mille hectares. A l'exception des espaces déjà urbanisés, toute construction est interdite dans une bande de cent mètres à compter de la limite haute du rivage (cette interdiction ne joue pas pour les installations nécessitant la proximité immédiate de l'eau).

Dans un sursaut de volonté, un supérieur instinct de survie, je bondis sur mes jambes. J'arrache la trappe où est enfermé le canot de sauvetage et entreprends d'organiser ma sortie de secours. Je traverse en vitesse l'antre de mon navire à la recherche de l'essentiel, du minimum, de ce qu'il ne faut absolument pas oublier. Je m'apprête à laisser couler ma maison, toute ma vie depuis plus de quatre mois. Mon ventre se tord à cette idée. Ça y est, tout est prêt. Il faut maintenant attendre, attendre de savoir si la coque va céder ou pas. Cette nuit à espérer l'aurore sera sans aucun doute la plus terrible. Une nuit comme un arrêt de mort. Reléguée dans ma bannette, cloîtrée dans ce cachot sans lumière, la gorge sèche, j'attends le verdict. A chaque choc du mât contre la coque, c'est un crochet du gauche qui me fait bondir sur place. Je me griffe les bras pour ne pas défaillir. Il faut tenir, faire taire l'évidence. Demain, c'est certain, je constaterai l'étendue des dégâts. Oui, demain je trouverai la force pour déblayer le pont. Je réfléchirai à une stratégie pour m'en sortir. Demain, je fabriquerai un mât de fortune et je réaliserai une petite voile avec les débris qu'il me reste. Demain, tout ira mieux : j'ai trop donné pour qu'il en soit autrement.

L'été, le réseau des autoroutes en perpétuelle amélioration nous rapproche toujours un peu plus vite et plus facilement des plages. Nous rêvons tous d'une maison « les pieds dans l'eau », d'une vue sur mer et de balades sur le sable. La France est riche d'un littoral magnifique. De la métropole à la diversité de son outre-mer, il y en a pour tous les goûts. A Saint-Pierre-et-Miquelon au large du Canada, ce sont des plaines ravagées par les vents, des rivages froids. J'aime beaucoup ce petit bout de France, lieu de départ de ma traversée de l'Atlantique Nord à la rame. Sa population, à l'opposé de la rudesse de ces paysages, m'a accueillie le cœur sur la main et je ne suis pas près de l'oublier. Plus au sud, le soleil des Antilles où j'ai passé toute mon enfance, les couleurs chatoyantes, la musique envoûtante et les odeurs d'épices de la Martinique et de la Guadeloupe. A La Réunion, c'est une végétation luxuriante, la profondeur des cirques à couper le souffle, les plages de sable noir, une île où le mélange de cultures est un modèle. A quelques encablures, le merveilleux lagon de Mayotte. Sans oublier les phoques des îles Kerguelen dans le Grand Sud, ni la richesse en biodiversité et en métaux précieux de la Guyane. Et, plus loin, beaucoup plus loin, la Polynésie, paradis du bout du monde, havre de paix où la quiétude et la douceur sont de mise. Jacques Brel a chanté les Marquises, j'en suis moi aussi tombée amoureuse lors de l'arrivée de ma traversée du Pacifique à la rame.

La France est riche de cette diversité, des odeurs de vanille ou de monoï, de la pêche à la morue à Saint-Pierre à la chasse aux poissons volants à Tahiti. C'est, des côtes bretonnes dentelées et magnétiques, aux criques translucides que l'on retrouve en Corse, toute une variété de paysages à préserver. Le Conservatoire du littoral créé en 1975, dont j'ai le grand honneur d'avoir été élue vice-présidente depuis 2008, s'y attelle avec enthousiasme et efficacité. Il achète des pans de terre qu'il a pour mission de protéger pour tous et pour toujours. L'idée n'étant pas de les mettre sous cloche mais de permettre à chacun d'entre nous d'en jouir à condition d'y respecter un minimum de règles. Ce sont donc ainsi mille deux cents kilomètres de rivages protégés, huit cents sites d'exception sur plus de cent cinquante mille hectares qui, devenus propriété de l'Etat, ne pourront plus être revendus. Feu Emmanuel Lopez, admirable directeur en poste lorsque je suis rentrée au conseil d'administration, m'a fait découvrir la complexité du travail fabuleux réalisé par nos équipes. Ce sont partout en France des hommes et des femmes passionnés et armés de la même conviction : protéger notre littoral nous est vital !

Cela représente un travail de longue haleine, depuis l'identification des sites à la mise en place du processus de gestion avec les communes, en passant par la négociation des prix et l'élaboration des dossiers administratifs. Les délégués régionaux agissent en limiers. Quand la proie est repérée, la chasse, lente et fastidieuse, peut commencer. Les pourparlers peuvent durer des années. D'autant que les changements de majorité et autres élections locales entraînent souvent une redistribution des cartes. Les rouages de l'Etat sont complexes, il ne faut pas se laisser décourager.

Le Conservatoire redonne ainsi vie et prospérité à des sites laissés à l'abandon, comme les sensationnels Jardins du Rayol, pas très loin de chez moi, dans la belle région du Var. Il acquiert également des lieux enchanteurs dont la fréquentation est devenue telle qu'il est important de reprendre les choses en main pour assurer leur pérennité, par exemple à la pointe du Raz, chère à mon cœur, dans le Finistère. Qu'il s'agisse de forêts, de dunes, de jardins, de lagunes, l'objectif est qu'un tiers du territoire français en bord de mer reste « sauvage ». La volonté des législateurs est de garantir la valeur de ces espaces en les intégrant au patrimoine et en les ouvrant aux amoureux de la nature. Le Conservatoire fêtera très bientôt ses quarante ans de bons et loyaux services, qu'il en soit remercié !

La richesse d'un Etat doit prendre en compte la valeur écologique de ses écosystèmes. La France est l'unique pays au monde à posséder des récifs coralliens dans trois océans. Notre pays abrite à lui seul 10 % des récifs mondiaux et est parmi les plus riches en biodiversité. En effet, sur les 238 principales écorégions (étendues de terre ou d'eau aux conditions environnementales particulières) recensées par le WWF, dix-sept sont françaises et quatorze d'entre elles se trouvent en outre-mer. Or le tourisme dans les récifs coralliens outre-mer rapporte plus de 1 200 euros par hectare et par an à l'Etat. Mais ce n'est pas tout, ce sont ces barrières qui préservent nos côtes des ravages des cyclones ou des tempêtes. Chaque fois que les récifs sont détruits, c'est la désolation qui prend place et le coût pour reconstruire des digues immenses est supporté par l'économie mondiale. Ce sont encore des milliards d'euros dépensés pour que la force des vagues soit contrée avant de percuter nos côtes. Des services non négligeables qui sont fragiles.

L'équilibre de ces écosystèmes est aussi délicat que celui de la mangrove. Chaque espèce a son importance, du plancton au requin, de l'anémone à la baleine à bosse, de la raie manta au concombre de mer. Certains spécimens marins ont, c'est certain, plus la « cote » que d'autres. On a souvent une fâcheuse tendance à préférer le dauphin au barracuda et le poisson clown à la murène. Mais le plus menacé de tous par la méconnaissance des hommes reste le requin. Le plus grand prédateur des océans, indicateur de la bonne santé du milieu marin, indispensable à l'équilibre de la chaîne alimentaire, est en danger. Surpêchés pour leurs ailerons très prisés dans certains pays asiatiques et revendus par l'Europe à des prix exorbitants, les requins sont près de cent vingt millions à disparaître chaque année dans une indifférence presque totale. Estropiés, ces animaux sont rejetés à la mer encore vivants et ne serviront à nourrir aucune bouche affamée. Le gaspillage est colossal. C'est ainsi qu'en 2012 l'Union européenne a durci sa réglementation en faveur de leur protection. Selon l'Institut océanographique de Monaco qui leur a consacré une magnifique exposition, la prolifération des proies habituelles des requins pourrait entraîner une surmortalité d'espèces plus en aval de la chaîne alimentaire et perturber ainsi l'industrie de la pêche. N'est-il pas temps de les voir autrement ? C'est d'ailleurs ce que fait notre technologie qui s'inspire du requin pour créer des revêtements. La peau du squale a en effet fait beaucoup parler d'elle à Pékin lors des Jeux olympiques de 2008. Les nageurs équipés de la fameuse combinaison noire étaient sans conteste plus rapides. Recouverte d'écailles, cette nouvelle génération de « maillots de bain » a la particularité de limiter les frottements avec l'eau. Les stries des écailles canalisent le fluide et permettent ainsi d'augmenter la rapidité du nageur. Cette découverte permet également aux navires de consommer moins de gazole.

En face de chez moi : Porquerolles et Port-Cros, sublimes îles protégées par le premier Parc national marin en Europe, créé en décembre 1963. Terre de lumière, de couleurs et d'odeurs de Provence, c'est aussi un fabuleux réservoir de biodiversité. On a vu combien les mesures de protection, en mer ou sur terre, sont indispensables pour éviter la disparition d'espèces animales et végétales et maintenir l'équilibre indispensable aux hommes. C'est dans cette optique que sont nées les réserves naturelles, les parcs régionaux et nationaux. Toutes ces structures ont pour objet de préserver les milieux naturels des dégradations humaines. L'objectif est aussi de mettre le patrimoine naturel et paysager à la disposition du public, en fournissant un cadre privilégié pour tout ce qui est lié à l'éducation à l'environnement. Ces mesures ont des impacts positifs sur l'économie tant en termes d'emplois permanents ou saisonniers, de ressources grâce au développement du tourisme, de gain sur le prix du foncier, que de bénéfices liés aux services rendus gracieusement par cette nature alors préservée. C'est ainsi que, autant en France qu'à l'international, partout où des mesures de protection ont été mises en place, les études réalisées mettent en exergue l'engouement généré dans les régions concernées. Il existe dix parcs nationaux en France, celui de la Vanoise qui date de 1963, puis celui de Port-Cros que j'aime tant, des Pyrénées, des Ecrins, des Cévennes, du Mercantour, de la Guadeloupe, de La Réunion, de la Guyane et enfin des Calanques depuis 2012. Ils attirent chaque année plus de huit millions et demi de visiteurs. Dans le monde, ils sont près de deux mille cinq cents établis. Le premier des parcs nationaux, Yellowstone, a été créé aux Etats-Unis en 1872. À l'époque, la création des parcs nationaux intervient concurremment avec la concentration urbaine et la révolution industrielle. John Muir, l'un des principaux artisans des Parcs américains, écrivait en 1898 : « Des milliers de citoyens fatigués, énervés ou trop civilisés commencent à réaliser que partir à la montagne, c'est rentrer à la maison, que l'étendue sauvage est une nécessité et que les parcs et réserves sont source de vie. » En France, les choses ont pris plus de temps du fait que l'idée même de « Parc » était perçue par l'opinion publique comme un espace interdit. Aujourd'hui, les choses sont mieux comprises et le succès de ces lieux n'est plus à démontrer.

Il en est de même pour toutes les réserves naturelles qui préservent des joyaux indispensables à la vie. Les Terres australes et antarctiques françaises, par exemple, où ma Fondation a eu la chance d'accompagner des jeunes en rupture scolaire, dans le cadre de notre programme sur la biodiversité à destination de l'ensemble des collégiens français, restent un lieu magique aux confins du monde. Situées dans l'océan Indien à plus de deux mille kilomètres de tout continent, à mi-chemin entre l'Afrique du Sud et l'Australie, elles sont parmi les îles les plus isolées au monde, et constituent, de ce fait, des sanctuaires qu'il est urgent de préserver et de façon définitive. C'est ici que l'on peut saluer la création des Aires marines protégées. Découlant du constat de la nécessité de protéger la biodiversité marine en favorisant la conservation des écosystèmes, des espèces et des habitats dans leur milieu naturel, la constitution de ces aires répond à l'objectif de la Convention de Rio de 1992. Ces espaces délimités ne représentent encore que moins de 1 % des espaces maritimes, mais l'objectif souhaité sous le mandat de Nicolas Sarkozy était d'atteindre 20 % en France à l'horizon 2020. Le projet est que ces aires soient accompagnées du classement d'espèces menacées d'extinction, comme le thon rouge ou le requin, et de l'amélioration des mesures de protection des mangroves et des récifs coralliens. La création de ces espaces est néanmoins lente, tant en France qu'à l'international, chaque Etat étant souverain sur sa zone en haute mer. Il n'existe pas de règle stricte et la complexité est de rendre ces aires de protections opposables à l'ensemble de la planète.

Les Parcs naturels marins sont pourtant des lieux d'exception. Celui d'Iroise, créé en 2007, est une zone très spécifique avec ses grands champs d'algues, ses colonies d'oiseaux, de phoques gris, de requins, de dauphins, sur plus de trois mille cinq cents kilomètres carrés. Situé à la pointe du Finistère sur l'espace marin compris entre l'île de

Sein, Ouessant et les limites de la mer territoriale, ce Parc couvre une superficie équivalente à plus de la moitié du département du Finistère. On y étudie notamment l'impact des hydroliennes sur l'environnement : un consortium – des industriels, un bureau d'étude et un porteur de projet (Hydrohélix) – propose la mise en place d'un démonstrateur d'hydrolienne avec un raccordement au réseau électrique existant, sur Ouessant.

L'urgence à préserver tous ces milieux naturels se mesure à l'aune de ce qu'ils peuvent nous apporter. La France a la chance d'être présente sur les différents océans du globe grâce aux territoires d'outre-mer. Or des pans entiers de l'espace maritime français sont encore mal connus et sous-estimés économiquement. Dans un contexte international pourtant marqué par la concurrence des pays pour l'accès aux richesses des sols océaniques, de nombreuses zones économiques exclusives (ZEE) ne sont pas encore délimitées physiquement et juridiquement. Pour ne citer qu'un exemple bien connu dans le Pacifique : si les délimitations de Wallis et Futuna et de la Polynésie française sont acceptées par tous, ce n'est pas le cas pour l'île de Clipperton où la souveraineté de la France est contestée. La bataille avec le Mexique se poursuit et les accords à l'amiable n'ont pas totalement clos le dossier. Une part significative de la croissance de la France dépendra pourtant dans les prochaines décennies de l'exploitation raisonnée des ressources de ces espaces, véritables réservoirs d'opportunités et d'emplois. A l'heure actuelle, établir une cartographie exhaustive de la richesse de ces territoires est primordial.

J'ai choisi de combattre le fatalisme en me confrontant aux difficultés. Souvent, c'est vrai, le corps est fatigué et abîmé, mais je n'oublie jamais une chose essentielle : la volonté est de toutes les solutions ! L'océan m'a forgé à coups de déferlantes et je lui en sais gré. Sur le modèle de mes Petits Aventuriers, élèves des classes avec qui je travaille toute l'année, je n'ai jamais laissé passer une chance de réinventer le monde. L'école de la mer laisse, certes, sur le côté les énervés, les têtes brûlées et autres sprinters de la vie, mais elle encourage tous les audacieux. Je suis certaine qu'il en est de même pour l'écologie, il faut y aller avec patience et réalisme, mais il faut se lancer.

Et comme disait Paulo Coelho : « Si l'aventure vous paraît dangereuse, essayer la routine, c'est mortel ! »

Les mesures qu'il faudrait prendre rapidement

– Dans le domaine des ports et des transports maritimes, le « Livre Bleu » des engagements du Grenelle de la mer préconise la mise en place de « ports durables ». Nous devons encourager les « ports à sec », développer les marinas en évaluant leur impact sur l'environnement, mieux gérer les mouillages forains, etc. Adopter une fiscalité verte et éco-responsable pour soutenir (les aires de carénage propres par exemple) ou sanctionner les pratiques sur le littoral.

– Améliorer la connaissance des exploitants agricoles le long du littoral afin qu'ils améliorent leurs pratiques, développent un marché spécifique sur les côtes avec des circuits courts, des ventes en direct et le développement de l'agro-tourisme (fermes, gîtes ruraux...).
– Accorder une attention particulière au patrimoine culturel, naturel et économique que représentent les littoraux. Inciter les innovations en termes d'urbanisme et d'architecture pour ne plus les défigurer.
– Renforcer les moyens du Conservatoire du littoral afin qu'il puisse, comme le gouvernement semble le souhaiter, assurer la gestion des phares. Ces derniers doivent être intégrés dans une dynamique patrimoniale.
– Mieux communiquer auprès du grand public sur notre « patrimoine littoral » en développant notamment plus de signalétique.

10

Une seule et même planète, pour tous !

« La mer enseigne aux marins des rêves
que les ports assassinent. »
Bernard Giraudeau

Jour et nuit, depuis maintenant cinq mois, je dévore des yeux cet horizon qui s'échappe sans fin. Le retour à la maison n'a jamais été aussi proche. Derrière nous, des miles et des miles nautiques parcourus. La quille de mon voilier aura épié sans relâche le ventre de la mer. Dans ses voiles, les vents du sud, le souffle de l'Antarctique grondent encore. Sur le pont, stigmate de ces longs mois de navigation et du démâtage, le fragile mât de fortune de mon voilier trône fièrement. L'arrivée me paraît irréelle. Après les privations, l'abondance. Les froides nuits dans mon duvet humide seront bientôt remplacées par un confortable lit douillet. Après la fatigue des nuits sans sommeil, enfin du repos. A la frugalité des plats lyophilisés, le festin des repas variés. A l'angoisse dévorante des tempêtes dans les quarantièmes rugissants, la sécurité d'un « chez-soi » protecteur. A la solitude, la douce chaleur de mes proches. Pourtant, la crainte d'arriver me pousserait presque à faire demi-tour. Ai-je perdu la tête ? Non, mais je ne me sens pas prête pour cette folle agitation. Je veux rester muette, encore un peu prisonnière de mon monde sans barreaux, repartir vers le sud avant qu'il ne soit trop tard. Le navigateur Bernard Moitessier l'a fait. Après avoir « bouclé la boucle » en vainqueur d'une course autour du monde, il a décidé de poursuivre sa route. Ce fut, à l'époque, le plus long voyage en solitaire, dix mois sans toucher terre, seul entre mer et ciel. Pourquoi pas moi ? Je ressens au plus profond de mes tripes cet étrange contraste entre une obsessionnelle et dévorante envie de rentrer et une détresse singulière face au retour sur le continent.

Mon voilier progresse dans l'obscurité. Je poursuis la trace de cette coulée de lune, incurvant ma route pour rester captive de ce chenal rassurant de lumière. Le vent susurre dans les haubans. Les voiles semblent chanter. La mer, ma belle, ma voluptueuse, mon inestimable amie, va bientôt passer son chemin. J'écoute, un instant encore, ton souffle long et rassurant. Je respire à m'en saouler ton énergie saline et, comme un au revoir, caresse une dernière fois du regard ta mystérieuse étendue.

Comment encourager, financer, encadrer les bonnes volontés et les initiatives positives en matière d'environnement de chaque pays ? Comme appliquer à la planète entière ce qui fonctionne déjà pour une nation ou une région ? Comment mutualiser les efforts autant que les fruits de la recherche ? Comment veiller à ce que les règles environnementales soient suivies partout sur le globe et que, si nécessaire, les sanctions tombent ?

Et si la solution au niveau mondial était la création d'une grande agence internationale, d'une Organisation mondiale pour l'environnement ? En effet, malgré les centaines d'accords passés, de traités conclus ou de conventions organisées aux quatre coins du globe, il n'existe aujourd'hui malheureusement aucune gouvernance ni coordination globale pour la sauvegarde de notre planète. Le Programme des nations unies pour l'environnement, qui n'est en réalité qu'une vigie, n'a ni le budget, ni l'autorité suffisante pour mettre en place une politique forte et des sanctions. Il faut fusionner les énergies et les réglementations. Ce projet d'Organisation mondiale pour l'environnement, à l'inverse d'une énième initiative des pays riches, doit nécessairement avoir un rôle officiel reconnu par le Nord et le Sud. Il doit contrebalancer le pouvoir de l'Organisation mondiale du commerce qui a parfois tendance à négliger les problèmes environnementaux. Associée à une Cour mondiale pour l'environnement, grâce à des outils juridiques efficaces, cette gouvernance devra faire respecter les accords internationaux et porter une vraie vision politique. Financée par une éco-taxe et une participation obligatoire des Etats (ce qui n'est pas le cas pour le PNUE), elle devra être un lieu d'expertise et de négociation internationale.

Soutenue par la France dès 2009, *via* le président Nicolas Sarkozy, par l'Union européenne et l'Union africaine, cette solution nécessaire pour assurer un « développement durable » à l'échelle mondiale ne fait pourtant pas l'unanimité. En effet, les Etats-Unis, le Canada et de nombreux pays en voie de développement ne souhaitent pas se voir imposer d'obligations en la matière. Parmi ces derniers, nombreux sont ceux qui estiment, et on peut les comprendre, que les problèmes environnementaux ont été créés par les pays riches et que c'est donc à eux seuls d'en traiter les causes. Néanmoins, dans l'intérêt de tous, ce nouveau mode fédérateur de gouvernance est indispensable. Il permettrait par ailleurs de coordonner les politiques de régulation des différentes nations et d'éviter les concurrences « vers le bas ». J'espère que cette gouvernance sera adoptée en 2015 lors de la prochaine Conférence internationale de l'ONU pour le climat qui aura lieu à Paris.

Pour ce qui est de l'environnement marin, il y a aujourd'hui principalement quatre grandes agences qui tentent d'en assurer la gouvernance mondiale. L'Unesco pour les recherches océanographiques. La FAO, qui a une vision globale, gère les stocks de poissons, surveille les débarquements des cargaisons. L'OMI (Organisation maritime internationale) est responsable du contrôle de la navigation et gère notamment les pollutions accidentelles ou volontaires. Enfin, le PNUE lutte contre les pollutions marines. La petite dernière, l'AIFM (Autorité internationale des fonds marins), est en charge de tout ce qui est au-delà du plateau continental, c'est elle qui, entre autres, délivre les autorisations d'exploration du sol.

Longtemps, les trois quarts du globe sont restés un espace de liberté totale. Puis, en 1958, il y eut la mise en place de la Conférence de Genève sur le droit maritime, dont les objectifs étaient de déterminer les droits et devoirs des Etats concernant la mer territoriale, la haute mer, la pêche et la conservation des ressources biologiques de la haute mer et, en 1982, à Montego Bay, en Jamaïque, est née la Convention des Nations unies sur le droit de la mer (entrée en vigueur en 1994) qui définit les règles d'exploitation des fonds marins et pose notamment le principe de la Zone économique exclusive (200 miles nautiques à partir des côtes). Elle reste en revanche muette sur la question de la gestion de ce que l'on appelle la « colonne d'eau » et la protection de la biodiversité. Au-delà des fameux 200 miles nautiques, on entre dans une zone qui représente un peu plus de 60 % des océans et qui n'appartient à personne. On peut y faire ou y prendre ce que l'on veut tant que l'on ne nuit pas à autrui. Trente ans après cette convention, toujours rien n'a été envisagé pour l'administration mondiale de cette immense zone liquide. Il n'existe par exemple aucun outil juridique pour créer une aire marine protégée en haute mer. Donc si un Etat décrète qu'une partie de cette zone est protégée, cela ne concerne en réalité que lui et ses ressortissants, mais en aucun cas le reste du monde. La question de la surpêche (sauf quelques espèces qui fort heureusement sont protégées) est directement liée à cette non-gouvernance.

C'est un sujet complexe, notamment parce que les limites d'un territoire sont souples. La pollution, par exemple, ne s'arrête pas aux frontières. L'état des mers du globe est pourtant, principalement du fait de sa fréquentation, de plus en plus préoccupant. Il est temps de trouver les moyens de réglementer et mieux coordonner le travail des différentes institutions en charge du Grand Bleu. Il faut plus d'intégration dans les politiques menées, notamment des activités humaines, en plus de la pêche et de la biologie marine. On ne peut pas avoir une vision fragmentée, le milieu marin est un. Tout est lié. Il nous faut donc rapidement combler le vide de statut de la haute mer pour y renforcer le contrôle.

Fort heureusement, il y a une prise de conscience internationale. Lors de la convention « Rio + 20 », François Hollande, malgré le frein depuis de nombreuses années des Etats-Unis (qui n'ont pas encore ratifié le traité du droit de la mer car ils souhaitent conserver leur liberté et suprématie), a estimé que la gouvernance internationale de la haute mer était une priorité. Une date butoir, d'ici fin 2014, a été fixée pour prendre une décision afin de lancer les négociations. Par ailleurs, le secrétaire d'Etat des Etats-Unis, John Kerry, a déclaré dans un discours que la « Terre devait s'appeler Océan ». Ce n'est pas grand-chose mais c'est pourtant une petite victoire car les diplomates y voient l'évolution d'un partenaire jusqu'alors très fermé. L'évolution est donc en cours et la France doit, en tant que deuxième puissance maritime mondiale, se montrer à la hauteur. Soyons à l'initiative du changement !

Cette mutation – merci à l'instinct de survie des hommes – est en marche partout à travers le globe. Au Brésil par exemple, c'est la forêt amazonienne que l'on tente, malgré l'épidémie galopante de la déforestation, de préserver. Grâce à la création d'aires protégées, l'Amazonie brésilienne dispose aujourd'hui de près de 1,5 million de kilomètres carrés d'espaces protégés, soit plus de 33 % d'un territoire plus grand que l'Europe occidentale.

En Europe, la création du réseau de sites écologiques « Natura 2000 » destiné à protéger les habitats naturels, la faune et la flore sauvages, a permis la sauvegarde d'un cinquième du territoire et la mise en place d'outils de gestion harmonisés. Toujours en Europe, la directive sur l'eau lancée en 2000 a permis d'établir un cadre pour recenser les eaux européennes et adopter un plan de gestion et des programmes de mesures efficaces pour que tous les fleuves, rivières, lacs, bassins, nappes phréatiques, etc., retrouvent un bon état de santé (écologique et chimique).

En Afrique, le Mali et la Mauritanie ont décidé en 2013 d'interdire la production, la commercialisation et l'utilisation des sacs plastique, considérés comme un fléau pour l'environnement. Déjà, l'Afrique du Sud (2003), la Tanzanie (2006), l'Ouganda (2007), le Gabon (2010) et le Kenya (2011) avaient décidé de bannir les sachets de petites tailles. Prochainement, c'est la Côte-d'Ivoire qui fera adopter ce même décret. Le ministre mauritanien de l'Environnement a annoncé que ces mesures d'interdiction prévoyaient des peines pouvant aller jusqu'à un an de prison ferme et des amendes atteignant l'équivalent de 2 500 euros pour les fabricants, importateurs et utilisateurs de sachets plastique. Au Bangladesh, premier pays abolitionniste en la matière, les sachets jetés dans la nature bloquaient les systèmes d'évacuation des eaux, entraînant des inondations dans les villes. En mer, on le sait, ces sacs en polyéthylène sont mangés par les animaux qui meurent étouffés ou l'estomac bloqué avec l'impossibilité de se nourrir. Dans les pays arabes ce sont les bovins et les chameaux qui suffoquent après avoir ingurgité cette pollution.

Aux Etats-Unis, Barack Obama a déclaré dernièrement, lors de l'inauguration d'une centrale alimentée par des panneaux solaires : « Au XXIe siècle, nous savons que le futur de notre économie et de notre sécurité nationale est inextricablement lié à un défi : l'énergie. » L'espoir qu'il suscite passe notamment par sa politique environnementale qui se veut résolument engagée. Missionné par le Président américain, le prix Nobel de physique Steven Chu a pour tâche de conduire les mesures en faveur de la planète. C'est ainsi que, aux Etats-Unis, 150 milliards de dollars sont alloués aux énergies renouvelables pour les dix prochaines années. L'objectif étant qu'en 2020, 25 % de l'énergie du pays devra être produite à partir de sources renouvelables.

En Inde, où les émissions de gaz à effet de serre sont de 1,2 tonne par tête contre plus de 20 aux Etats-Unis, des efforts sont faits pour limiter le réchauffement climatique. New Delhi a confirmé sa volonté de s'orienter vers une croissance moins productrice de carbone. Les dirigeants mettent actuellement sur pied un plan d'action national concernant l'habitat durable, la protection de l'Himalaya, la reforestation du pays, etc. Cinquième producteur mondial d'énergie éolienne, l'Inde mise aujourd'hui beaucoup sur le solaire. On note par ailleurs une initiative de qualité dans la capitale avec la construction d'une centrale qui produira de l'électricité pour 600 000 familles en brûlant un tiers des ordures de la ville.

Et qu'en est-il de la Chine, tant décriée en matière d'environnement ? Selon le rapport mondial sur les énergies renouvelables « Renewables 2013 Global Status Report » publié par REN21 (Renewable Energy Policy Network for the 21st Century), le leader mondial sur le marché des énergies renouvelables en 2012 reste la Chine, avec une augmentation de 22 % de sa production, équivalant à des investissements de plus de 67 milliards de dollars (majoritairement dans les technologies solaires). L'importance de l'Empire du Milieu et de l'Union européenne dans les investissements pour le renouvelable est claire : ils représentent, à eux deux, plus de 60 % des financements mondiaux.

Non polluantes et illimitées, ces énergies constituent aussi une source d'emplois non négligeable . en 2012, 5,7 millions de personnes ont, directement ou indirectement, travaillé dans le secteur du renouvelable. Les experts du Conseil mondial de l'énergie éolienne (GWEC) prévoient le maintien d'une croissance soutenue dans le monde, notamment en Amérique latine, en Asie et en Afrique.

Le leader dans le domaine, avec un coût de production deux fois moins élevé qu'en Europe, est à nouveau la Chine, avec plus de 62 700 mégawatts de puissance installée, devant les Etats-Unis avec 46 900 mégawatts et l'Allemagne avec 29 000 mégawatts (premier en Europe). Il était en effet temps d'agir, le nombre de personnes souffrant à Pékin de problèmes pulmonaires du fait des émanations toxiques ayant augmenté de plus de 20 %. C'est ainsi qu'après la Conférence des Nations unies sur l'environnement de 1992, la Chine fut l'un des premiers pays du monde à définir et mettre en application une stratégie de développement durable. Déjà, à partir des années 1950, elle a accompli des exploits remarquables dans le reboisement artificiel. A l'heure actuelle, la superficie reboisée y compte plus de 56 millions d'hectares, occupant la première place mondiale avec un taux de couverture forestière représentant plus de 18 % de son territoire. Elle est, d'après le Programme des Nations unies pour l'environnement, parmi les quinze pays du monde à avoir la plus vaste étendue de forêt. Une politique environnementale présentée, certes, comme une contrainte mais indispensable pour assurer la modernisation du pays et son développement à long terme.

La liste des évolutions positives est longue chez le géant asiatique : un label écologique émis par le Centre chinois de certification environnementale est né et plus de 20 000 entreprises sont déjà labellisées. L'essor des technologies vertes représente 15 % du PIB en 2013. Une maison sur dix est pourvue d'eau chaude solaire. Quatre-vingt-dix réserves naturelles maritimes ont été créées et une innovation intéressante a été mise en place en mer Jaune : une structure éolienne offshore construite sur une plateforme pétrolière en activité pour assurer ses besoins électriques.

Depuis peu, la Chine a connu un développement maritime exceptionnel. Généreusement tournée vers le large, notamment vers le secteur de la pêche, de la construction navale ou des énergies marines renouvelables, l'économie chinoise se positionne encore une fois en tête de peloton. Première pour la capacité incroyable de ses infrastructures portuaires, troisième pour ses chantiers navals, elle est quatrième pour la grandeur de sa flotte commerciale. Le gouvernement chinois l'a bien compris : l'augmentation des échanges internationaux du fait de la mondialisation rend le rapport à l'océan indispensable.

La terre approche. Je laisse derrière moi ces cent cinquante jours de mer à espérer y arriver, cette trentaine de dépressions traversées contre vents et courants, ma peur de percuter un iceberg, celle de tomber par-dessus bord, le démâtage dont je suis sortie in extremis, *etc. Les différents océans du globe n'auront pas eu raison de moi. C'est tout d'abord un oiseau dans le ciel, puis deux, puis trois, puis une dizaine qui me rejoignent au large. Ils piaillent comme des oisillons, virevoltent comme des fous. Je fais les cent pas sur le pont, trépigne d'impatience, suis gonflée d'énergie. C'est à cet instant que, dans la lumière tombante du jour, comme un fin trait de fusain qui se dessine sur l'horizon : Terre. Elle est là, sortie de l'eau sous mes yeux, tel un miracle. J'exulte, hurle ma victoire. Toute l'énergie canalisée pendant des mois se transforme en allégresse. Cette conquête, ce combat mené contre moi-même, je les fête seule à seule, en tête à tête avec cette mer qui m'a tant donné. Ensemble, mon amie, nous l'avons fait ! Je n'ai ni champagne ni serpentin ou confetti mais c'est un feu d'artifice dans mon cœur. Je suis ivre de bonheur !*

Comment convaincre ? Comment faire embarquer le plus grand nombre dans cette aventure du changement, si ce n'est en montrant sans relâche la profusion d'exemples positifs existants ? Citons celui de la gestion de l'eau à Munich : la ville consomme plus de 300 millions de litres d'eau par jour. Les réserves sont cachées sous la terre. Pourtant, nul besoin d'usine de traitement. Ici, depuis près de vingt ans, grâce à l'agriculture biologique, on boit une eau sans chlore. Les pesticides sont laissés de côté, les agriculteurs sont subventionnés et l'eau est d'une qualité admirable, avec une teneur en nitrate quasiment dix fois moins importante que ce qu'autorise l'Union européenne. Cerise sur le gâteau, l'eau de Munich est la moins chère de toute l'Allemagne !

Aux quatre coins du globe, on réfléchit pour améliorer notre quotidien. Demain, nous vivrons dans des maisons « bio-climatiques ». Des potagers y seront intégrés pour nous nourrir. Des récupérateurs d'eau feront leur apparition aux côtés des éoliennes. Des milliers d'idées germent pour que l'on se dirige vers l'autosuffisance. Lors du dernier Marathon de Paris, les coureurs ont produit de l'énergie grâce aux 178 dalles « électriques » dotées de capteurs (et conçues à partir de pneus de camions recyclés) installées tout le long des Champs-Elysées. Plus de 7 kWh, soit l'équivalent de la consommation électrique annuelle moyenne d'un foyer français et demi (ou de 2 heures d'illumination de la tour Eiffel, selon l'organisateur), ont ainsi été produits. Le concept de sols producteurs d'électricité est adaptable aux trottoirs, aux pistes de danse, aux dos-d'âne comme c'est le cas en Italie... et pourquoi pas un jour aux routes ? En effet, selon le cabinet britannique CEBR (Centre for Economics and Business Research), les embouteillages coûteraient plus de 5,5 milliards d'euros par an à la France, en raison notamment de la surconsommation de carburant et des heures de travail perdues. Or les décélérations constamment induites par cette circulation dite « en accordéon » pourraient être valorisées grâce à des dos-d'âne producteurs d'électricité.

La RATP, elle, a lancé un grand programme de remplacement de ces sources de lumière. D'ici 2017, l'ensemble des lampes, ampoules et tubes fluorescents conventionnels fournissant l'éclairage du réseau sera remplacé par 50 millions de LED basse consommation. Une consommation de près de 77 gigawatts heures par an sera ainsi économisée, soit l'équivalent de la production électrique annuelle de 20 éoliennes terrestres.

Et si la meilleure source de motivation et d'inspiration venait de la mer ? Et si, pour une fois et pour conclure, nous ne pensions pas à l'aspect « vénal » des choses mais à leur poésie ? Tous les services que nous rend la mer sont bénéfiques en termes d'économie, oui bien sûr. En termes d'emplois, évidemment. Et si nous protégions le Grand Bleu pour toutes les émotions qu'il suscite en nous, pour sa beauté ? Notre environnement naturel est notre patrimoine autant que la tour Eiffel, *La Joconde* ou les œuvres complètes de Victor Hugo. Oui, la mer, ce sont ces grands espaces devenus des territoires de la mondialisation, c'est un milieu pourvoyeur de richesses, d'échanges et de communication. Oui, c'est par elle que nous transportons l'essentiel de ce que nous produisons, transformons, consommons, vendons, matières premières, énergie ou produits manufacturés. Oui, la mer relie les hommes entre eux, comme une ligne de vie. Elle nous offre bien d'autres trésors encore

La mer, c'est aussi et avant tout des valeurs. Winston Churchill écrivait : « En Angleterre, quelles que fussent nos faiblesses, nous avions un sens très aigu des choses de la mer. Nous l'avions dans le sang depuis des siècles et les traditions maritimes inspirent non seulement nos marins mais toute notre race. »

Le plus important, c'est donc certainement ce que nous enseigne la mer : l'engagement, la responsabilité, la faculté d'adaptation, la discipline et la rigueur, le respect de l'autre, le dévouement, la solidarité, l'esprit d'équipe, la capacité d'initiative, l'aptitude au commandement, etc. On ne peut pas lui mentir, les faux-semblants n'ont pas leur place au large. La mer est un chef de rang, un professeur exigeant. Elle ne s'offre pas aux amants d'un jour. Vous y êtes face à vous-même et seul votre courage vous ramènera à terre. Charles Baudelaire l'avait si bien résumé : « Homme libre, toujours tu chériras la mer. La mer est ton miroir, tu contemples ton âme dans le déroulement infini de sa lame. » La mer vous fait grandir. Elle vous élève car elle vous révèle. Elle vous contraint à vous regarder en face, vous met devant vos propres failles, vos défauts inavoués, vos intimes faiblesses. Elle vous apprend à vous accepter tel que vous êtes.

Le Grand Bleu n'est pas assez enseigné, ni au grand public ni dans le milieu scolaire. Grâce au travail admirable de l'inspecteur général Tristan Lecoq, les océans ont officiellement intégré les cours d'histoire-géographie en 2013. En partenariat avec ma Fondation, grâce au concours du CNRS et du Cluster Maritime Français, nous avons pu proposer gratuitement à l'ensemble des collèges et lycées français, outre-mer compris, un programme pédagogique en adéquation avec les thématiques aujourd'hui obligatoires, pour mieux comprendre les océans, leur histoire, leur fonctionnement, leurs points de faiblesse, les métiers d'avenir qui y sont liés. Il nous faut mieux connaître la mer et son littoral pour apprendre à mieux les gérer. Soutien pour les professeurs, ce type de kit éducatif, aussi complet en informations qu'attractif et ludique, doit se multiplier pour faire taire l'adage qui dit que la mer aurait le goût salé des larmes de nos monarques et dirigeants qui l'ont tant négligée.

Dans la culture polynésienne, on recueille le placenta après une naissance et on l'enterre pour y planter un arbre fruitier. Le lien indispensable de l'Homme avec la Terre mère est ainsi assuré. Les amoureux du Grand Bleu peuvent le déposer en mer s'ils souhaitent que leur enfant ait un lien éternel avec le milieu marin. C'est ce que j'ai fait avec le placenta de ma fille Hina, née à Papeete. Cette démarche symbolique ancre notre appartenance à la terre ou à la mer, rappelle au nouvel arrivant que nous faisons partie d'un tout et que nous ne pourrons jamais vivre loin de cette nature nourricière Cela peut faire sourire certains, eh bien, moi qui suis une viscérale cartésienne avec, en plus, un optimisme dans l'avenir chevillé au corps, j'aime ces croyances car elles nous rappellent d'où nous venons. J'espère que ces traditions ne se perdront pas.

Depuis toujours les navigateurs partent à l'aventure, en quête d'exploration, de l'excitant frisson de l'inconnu, espérant ramener richesses et trésors. Le champ du possible est infini en mer. C'est cette démesure qui m'a toujours fascinée. Erik le Rouge, en l'an

982, a été l'un des premiers à se lancer à la conquête de nouveaux territoires. Quel courage il fallait, à l'époque, pour s'élancer alors que l'on pensait peut-être trouver un gouffre derrière l'horizon ! Lui découvrira le Groenland (Terre verte) qui alors était recouvert de prairie. C'est l'audace de ces hommes qui m'a toujours accompagnée. Ces hommes qui ont ouvert la voie, ces vaillants marins qui ont largué les amarres et se sont enfoncés dans la brume du matin, sans équipement de qualité ni matériel de sécurité, ont bercé mon enfance. Je les ai tous aimés, tous m'ont donné cette envie, ce courage d'aller au bout de mes rêves.

Ce que nous avons à faire est faisable. Le défi à relever est passionnant. Soyons la génération qui changera la donne. C'est à nous d'inspirer l'élan. Reprenons confiance, osons imaginer le monde que nous voulons pour demain et armons-nous de courage pour que le rêve devienne réalité.

Auprès de mon petit garçon, j'ai acquis une grande force. Son énergie, sa résistance sans faille, sa ténacité ne devaient pas être vaines. Je lui devais de me battre avec la même détermination pour faire en sorte qu'il voit, lui aussi, les baleines et les dauphins en liberté, autant qu'il respire un air sain et mange du poisson tel que nous le faisons aujourd'hui. Ces heures, sa main dans la mienne, à réfléchir m'ont apporté tout à la fois une immense détermination, une conviction accrue sur le fabuleux potentiel de l'Homme et une fragilité qui me fait encore plus aimer cette nature à laquelle nous sommes tous liés. Pour lui, pour sa petite sœur, pour tous les enfants que je vois chaque semaine dans les écoles, pour mes petits chéris de Madagascar, je veux rester droite et me battre pour que les 2 % de climato-sceptiques et les caricatures de « l'écolo bobo » ne l'emportent pas sur ce vivier d'opiniâtretés, de consensus et de créations nouvelles. Bien sûr, cela ne se fera pas en un jour, ni en une année, mais la solution naîtra de l'union de nos forces.

Allons, embarquons aux côtés de ceux qui sont déjà en marche. Levons-nous pour soutenir nos chercheurs et nos ingénieurs, pour faire les bons choix de consommation, pour que nos dirigeants aient le courage d'assumer haut et fort ce que beaucoup d'entre eux pensent tout bas. Engageons-nous pour peindre en bleu notre avenir sur terre, pour que la mer ne soit plus la grande oubliée et que ses valeurs soient portées aussi haut que notre amour de la liberté.

Si j'ai pu traverser deux océans à la rame, c'est bien là preuve que tout est à portée de volonté.

Tout est possible.

« Rien n'arrête le mouvement en marche lorsque le temps est venu. »

Victor HUGO

Les mesures qu'il faudrait prendre rapidement

– Développer les filières de formation aux métiers de la mer en y intégrant les problématiques du respect de l'environnement.
– Créer à Paris une Grande Maison de la Mer à l'image de la Cité des Sciences.
– Inclure la mer dans les journées du patrimoine, par exemple en ouvrant les ponts de nos plus beaux bateaux ou en organisant des opérations sur notre littoral.
– Développer les « classes de mer » pour apprendre aux enfants à mieux connaître nos côtes, le patrimoine maritime français, apprendre à nager, comprendre les règles de sécurité à adopter (en partenariat avec la Société nationale des sauveteurs en mer) et les encourager à protéger les richesses de ce milieu.

Bibliographie

Développement durable. Aspects stratégiques et opérationnels, éditions Francis Lefebvre.

Histoire du climat, de Pascal Acot, Tempus.

Rivages en devenir, des horizons pour le Conservatoire du littoral, de Bernard Kalaora, La Documentation française.

C'est maintenant ! 3 ans pour sauver le monde, de Jean-Marc Janvovici et Alain Grandjean, éditions Sciences.

Le Grand Roman de la vie, d'Yves Paccalet, J.-C. Lattès.

Amazonie, une mort programmée ?, d'Hubert Prolongeau, Arthaud.

L'océan gouverne-t-il le climat ?, de Jacques Merle, éditions IRD.

Mal de Terre, d'Hubert Reeves, avec Fréderic Lenoir, éditions Sciences.

La Troisième Révolution industrielle, de Jeremy Rifkin, Les liens qui libèrent.

L'Intelligence du jardinier, d'Anne-France Dautheville, Arthaud.

Pour un pacte écologique, de Nicolas Hulot, Calmann-Lévy.

La Vie secrète des requins, d'Yves Paccalet, L'Archipel.

Le Plan B, de Lester R. Brown, Pluriel.

Les Terre-Neuvas, d'Anita Conti et François Bellec, Le Chêne.

L'Ecologie ou la passion du vivant, de Garcin Malsa, L'Harmattan.

Une mer sans poissons, de Philippe Cury et Yves Miserey, Calmann-Lévy.

Guide Ecofrugal, solutions écologiques et économiques, de Philippe Green, éditions Ecofrugal Project.

Le compte à rebours a-t-il commencé ?, d'Albert Jacquard, Stock.

Les Héros de la biodiversité, d'Allain Bougrain-Dubourg, éditions Ouest-France.

Urgence planète Terre, l'esprit humain face à la crise écologique, d'Al Gore, Alphée.

Graines de possibles, de Pierre Rabhi et Nicolas Hulot, Calmann-Lévy.

La Vie des océans, de leur naissance à leur disparition, d'Yves Lancelot, Vuibert.

La Mer, ses valeurs, de Chantal Reynier, L'Harmattan.

Littoral, les aventures du Conservatoire du littoral (1975-2013), d'Odile Marcel, Champ Vallon.

Sales Bêtes ? Respectons-les..., d'Allain Bougrain-Dubourg, Arthaud.

Surpêche, l'océan en voie d'épuisement, de Charles Clover, éditions Demopolis.

Bio mimétisme, quand la nature inspire des innovations durables, de Janine M. Benyus, éditions Rue de l'Echiquier.

Les Océans français en 36 interviews, de Bertrand de La Roncière, L'Harmattan.

La Biodiversité à travers des exemples, de Gilles Bœuf, éditions CSPNB.

La Marge verte, de Philippe de Béco, HB/Editions.

L'Etrange Silence des abeilles, enquête sur un déclin inquiétant, de Vincent Tardieu, Belin.

Quand la nature inspire la science, de Mat Fournier, éditions Plume de Carotte.

Atlas des développements durables, d'Yvette Veyret et Paul Arnould, Autrement.

Atlas de l'océan mondial, de Jean-Michel Cousteau et Philippe Vallette, Autrement.

Un océan de savoirs, de l'IFREMER, Privat.

« L'adaptation de la France au changement climatique », rapport au Premier ministre et au Parlement, La Documentation française.

« Maritimisation, la France face à la nouvelle géopolitique des océans », rapport du Sénat, dirigé par Jeanny Lorgeoux, André Trillard, René Beaumont, Michel Boutant, Joël Gerriau et Philippe Paul.

Le Livre Bleu des engagements du Grenelle de la Mer, 2009 : à consulter sur www.developpement-durable.gouv.fr/IMG/pdf/livre_bleu.pdf

Table

Cet ouvrage a été composé et imprimé par
CPI Firmin Didot à Mesnil-sur-l'Estrée
pour le compte des Éditions Plon
12, avenue d'Italie
Paris 13e
en octobre 2013

Imprimé en France
sur du papier recyclé

Dépôt légal : octobre 2013
N° d'édition : 14983 – N° d'impression : 119798

Maud Fontenoy Fondation

Oceans Are Humanity's Future

Depuis 2008, la Maud Fontenoy Fondation, reconnue d'utilité publique, s'engage en France comme à l'international pour préserver nos océans. Elle mène des actions d'éducation à l'environnement auprès de la jeune génération et du grand public avec le soutien de son comité scientifique, du Ministère de l'Education nationale et du Ministère de l'Ecologie ainsi que de la Commission Océanographique Intergouvernementale de l'UNESCO. Son objectif, à la fois écologique et social : SAUVER L'OCÉAN, C'EST SAUVER L'HOMME

Découvrez les actions de la Fondation
et commandez gratuitement les kits pédagogiques
sur www.maudfontenoyfondation.com